吳墉祥在台日記

（1964）

The Diaries of Wu Yung-hsiang at Taiwan, 1964

民國日記｜總序

呂芳上
民國歷史文化學社社長

　　人是歷史的主體，人性是歷史的內涵。「人事有代謝，往來成古今」（孟浩然），瞭解活生生的「人」，才較能掌握歷史的真相；愈是貼近「人性」的思考，才愈能體會歷史的本質。近代歷史的特色之一是資料閎富而駁雜，由當事人主導、製作而形成的資料，以自傳、回憶錄、口述訪問、函札及日記最為重要，其中日記的完成最即時，描述較能顯現內在的幽微，最受史家重視。

　　日記本是個人記述每天所見聞、所感思、所作為有選擇的紀錄，雖不必能反映史事整體或各個部分的所有細節，但可以掌握史實發展的一定脈絡。尤其個人日記一方面透露個人單獨親歷之事，補足歷史原貌的闕漏；一方面個人隨時勢變化呈現出不同的心路歷程，對同一史事發為不同的看法和感受，往往會豐富了歷史內容。

　　中國從宋代以後，開始有更多的讀書人有寫日記的習慣，到近代更是蔚然成風，於是利用日記史料作歷

史研究成了近代史學的一大特色。本來不同的史料，各有不同的性質，日記記述形式不一，有的像流水帳，有的生動引人。日記的共同主要特質是自我（self）與私密（privacy），史家是史事的「局外人」，不只注意史實的追尋，更有興趣瞭解歷史如何被體驗和講述，這時對「局內人」所思、所行的掌握和體會，日記便成了十分關鍵的材料。傾聽歷史的聲音，重要的是能聽到「原音」，而非「變音」，日記應屬原音，故價值高。1970年代，在後現代理論影響下，檢驗史料的潛在偏見，成為時尚。論者以為即使親筆日記、函札，亦不必全屬真實。實者，日記記錄可能有偏差，一來自時代政治與社會的制約和氛圍，有清一代文網太密，使讀書人有口難言，或心中自我約束太過。顏李學派李塨死前日記每月後書寫「小心翼翼，俱以終始」八字，心所謂為危，這樣的日記記錄，難暢所欲言，可以想見。二來自人性的弱點，除了「記主」可能自我「美化拔高」之外，主觀、偏私、急功好利、現實等，有意無心的記述或失實、或迴避，例如「胡適日記」於關鍵時刻，不無避實就虛，語焉不詳之處；「閻錫山日記」滿口禮義道德，使用價值略幾近於零，難免令人失望。三來自旁人過度用心的整理、剪裁、甚至「消音」，如「陳誠日記」、「胡宗南日記」，均不免有斧鑿痕跡，不論立意多麼良善，都會是史學研究上難以彌補的損失。史料之於歷史研究，一如「盡信書不如無書」的話語，對證、勘比是個基本功。或謂使用材料多方查證，有如老吏斷獄、法官斷案，取證求其多，追根究柢求其細，庶幾還原

案貌，以證據下法理註腳，盡力讓歷史真相水落可石出。是故不同史料對同一史事，記述會有異同，同者互證，異者互勘，於是能逼近史實。而勘比、互證之中，以日記比證日記，或以他人日記，證人物所思所行，亦不失為一良法。

從日記的內容、特質看，研究日記的學者鄒振環，曾將日記概分為記事備忘、工作、學術考據、宗教人生、游歷探險、使行、志感抒情、文藝、戰難、科學、家庭婦女、學生、囚亡、外人在華日記等十四種。事實上，多半的日記是複合型的，柳貽徵說：「國史有日歷，私家有日記，一也。日歷詳一國之事，舉其大而略其細；日記則洪纖必包，無定格，而一身、一家、一地、一國之真史具焉，讀之視日歷有味，且有補於史學。」近代人物如胡適、吳宓、顧頡剛的大部頭日記，大約可被歸為「學人日記」，余英時翻讀《顧頡剛日記》後說，藉日記以窺測顧的內心世界，發現其事業心竟在求知慾上，1930 年代後，顧更接近的是流轉於學、政、商三界的「社會活動家」，在謹厚恂恂君子後邊，還擁有激盪以至浪漫的情感世界。於是活生生多面向的人，因此呈現出來，日記的作用可見。

晚清民國，相對於昔時，是日記留存、出版較多的時期，這可能與識字率提升、媒體、出版事業發達相關。過去日記的面世，撰著人多半是時代舞台上的要角，他們的言行、舉動，動見觀瞻，當然不容小覷。但，相對的芸芸眾生，識字或不識字的「小人物」們，在正史中往往是無名英雄，甚至於是「失蹤者」，他們

如何參與近代國家的構建，如何共同締造新社會，不應
該被埋沒、被忽略。近代中國中西交會、內外戰事頻
仍，傳統走向現代，社會矛盾叢生，如何豐富歷史內
涵，需要傾聽社會各階層的「原聲」來補足，更寬闊的
歷史視野，需要眾人的紀錄來拓展。開放檔案，公布公
家、私人資料，這是近代史學界的迫切期待，也是「民
國歷史文化學社」大力倡議出版日記叢書的緣由。

導言

侯嘉星
國立中興大學歷史學系助理教授

　　《吳墉祥在台日記》的傳主吳墉祥（1909-2000），
字茂如，山東棲霞縣人。幼年時在棲霞就讀私塾、新式
小學，後負笈煙台，畢業於煙台模範高等小學、私立
先志中學。中學期間受中學校長、教師影響，於1924
年加入中國國民黨；1927 年 5 月中央黨務學校在南京
創設時報考錄取，翌年奉派於山東省黨部服務。1929
年黨務學校改為中央政治學設大學部，故1930 年申請
返校就讀，進入財政系就讀，1933 年以第一名成績畢
業。自政校畢業後留校擔任助教 3 年，1936 年由財政
系及黨部推薦前往安徽地方銀行服務，陸續擔任安慶分
行副理、經理，總行稽核、副總經理，時值抗戰軍興，
隨同皖省政府輾轉於山區維持經濟、調劑金融。1945
年因抗戰勝利在望，山東省主席何思源遊說之下回到故
鄉任職，協助重建山東省銀行。

　　1945 年底山東省銀行正式開業後，傳主擔任總經
理主持行務；1947 年又受國民黨中央黨部委派擔任黨
營事業齊魯公司常務董事，可說深深參與戰後經濟接收
與重建工作。這段期間傳主也通過高考會計師合格，
並當選棲霞區國民大會代表。直到 1949 年 7 月因戰局
逆轉，傳主隨政府遷台，定居於台北。1945 至 1950 這

6 年間的日記深具歷史意義，詳細記載這一段經歷戰時淪陷區生活、戰後華北接收的諸般細節，乃至於國共內戰急轉直下的糾結與倉皇，可說是瞭解戰後初期復員工作、經濟活動以及政黨活動的極佳史料，已正式出版為《吳墉祥戰後日記》，為戰後經濟史研究一大福音。

　　1949 年來台後，除了初期短暫清算齊魯公司業務外，傳主以會計師執照維生。當時美援已進入台灣，1956 年起受聘為美國國際合作總署駐華安全分署之高級稽核，主要任務是負責美援項目的帳務查核，足跡遍及全台各地。1960 年代台灣經濟好轉，美援項目逐漸減少，至 1965 年美援結束，傳主改任職於中美合營之台達化學工業公司，擔任會計主任、財務長，直到1976 年退休；國大代表的職務則保留至 1991 年退職。傳主長期服務於金融界，對銀行、會計及財務工作歷練豐富，這一點在《吳墉祥戰後日記》的價值中已充分顯露無遺。來台以後的《吳墉祥在台日記》，更是傳主親歷中華民國從美援中站穩腳步、再到出口擴張達成經濟奇蹟的各個階段，尤其遺留之詳實精采的日記，成為回顧戰台灣後經濟社會發展的寶貴文獻，其價值與意義，以下分別闡述之。

一

　　史料是瞭解歷史、探討過去的依據，故云「史料為史之組織細胞，史料不具或不確，則無復史之可言」（梁啟超，《中國歷史研究法》）。在晚近不斷推陳出新的史料類型中，日記無疑是備受歷史學家乃至社會各

界重視的材料。相較於政府機關、公司團體所留下之日
常文件檔案,日記恰好為個人在私領域中,日常生活留
下的紀錄。固然有些日記內容側重公事、有些則抒發情
懷,但就材料本身而言,仍然是一種私人立場的記述,
不可貿然將之視為客觀史實。受到後現代主義的影響,
日記成為研究者與傳主之間的鬥智遊戲。傳主寫下對事
件的那一刻,必然帶有個人的想法立場,也帶有某些特
別的目的,研究者必須能分辨這些立場與目的,從而探
索傳主內心想法。也因此,日記史料之使用有良窳之
別,需細細辯證。

那麼進一步說,該如何用使日記這類文獻呢?大致
來說,良好的日記需要有三個條件,以發揮內在考證
的作用:(1)日記之傳主應該有一定的社會代表性,
且包含生平經歷,乃至行止足跡等應具體可供複驗。
(2)日記須具備相當之時間跨度,足以呈現長時段的
時空變化,且年月日之間的紀錄不宜經常跳躍脫漏。
(3)日記本身的文字自然越詳細充實越理想,如此可
以提供豐富素材,供來者進一步考辨比對。從上述三個
條件來看,《吳墉祥在台日記》無疑是一部上佳的日記
史料。

就代表社會性而言,傳主曾擔任省級銀行副總經
理、總經理,又當選為國大代表;來台後先為執業會計
師,復受聘在美援重要機構中服務,接著擔任大型企業
財務長,無論學經歷、專業素養都具有相當代表性。藉
由這部日記,我們可以在過去國家宏觀政策之外,以社
會中層技術人員的視角,看到中美合作具體的執行情

況，也能體會到這段時期的政治、經濟和社會變遷。

而在時間跨度方面，傳主自 1927 年投考中央黨務學校起，即有固定寫作日記的習慣，但因抗戰的緣故，早年日記已亡佚，現存日記自 1945 年起，迄於 2000 年，時間跨度長達 55 年，僅 1954 年因蟲蛀損毀，其餘均無日間斷，其難能可貴不言可喻。即便 1945 年至 1976 年供職期間的日記，也長達 32 年，借助長時段的分析比對，我們可以對傳主的思想、心境、性格，乃至習慣等有所掌握，進而對日記中所紀錄的內容有更深層的掌握。

最重要的，是傳主每日的日記寫作極有條理，每則均加上「職務」、「師友」、「體質」「娛樂」、「家事」、「交際」、「游覽」等標題，每天日記或兩則或三則不等，顯示紀錄內容的多元。這些內容所反映的，不僅是公務上的專業會計師，更是時代變遷中的黨員、父親、國民。因此從日記的史料價值來看，《吳墉祥在台日記》能帶領我們，用豐富的角度重新體驗一遍戰後台灣的發展之路，也提供專業財經專家觀點以及可靠的事件觀察記錄，讓歷史研究者能細細品味 1951 年至 1976 年這 26 年間，種種宏觀與微觀的時代變遷。

二

戰後中華民國的各項成就中，最被世界所關注的，首推是 1980 年代前後台灣經濟奇蹟（Taiwan Economic Miracle）了。台灣經濟奇蹟的出現，有其政策與產業的背景，1950 年開始在美援協助下政府進行基礎建設

與教育投資，配合進口替代政策發展國內產業。接著在
1960 年代起，推動投資獎勵與出口擴張、設立加工出
口區，開啟經濟起飛的年代。由於經濟好轉，1963 年
起台灣已經累積出口外匯，開始逐步償還美援，在國際
間被視為美援國家中的模範生，為少數能快速恢復經濟
自主的案例。在這樣的時代背景中，美援與產業經營，
成為分析台灣經濟奇蹟的關鍵。

《吳墉祥在台日記》中，傳主除了來台初期還擔任
齊魯公司常務董事，負責清算業務外，直到 1956 年底
多憑會計師執照維持生計，但業務並不多收入有限，反
映此時台灣經濟仍未步上軌道，也顯示遷台初期社會物
質匱乏的處境。1956 年下半，負責監督美援計畫執行
的駐華安全分署招聘稽核人員，傳主獲得錄用，成為美
方在台雇用的職員。從日記中可以看到，美援與中美合
作並非圓滑順暢，1956 年 11 月 6 日有「中午王慕堂兄
來訪，謂已聞悉安全分署對余之任用業已確定，以前在
該署工作之中國人往往有不歡而散者，故須有最大之忍
耐以與洋員相處云」，透露著該工作也不輕鬆，中美合
作之間更有許多幽微之處值得再思考。

戰後初期美援在台灣的重大建設頗多，傳主任職期
間往往要遠赴各地查帳，日記中記錄公務中所見美援支
出項目的種種細節，這是過去探討此一課題時很少提到
的。例如 1958 年 4 月前往中橫公路工程處查帳，30 日
的日記中發現「出於意外者則另有輔導會轉來三萬餘元
之新開支，係輔導會組織一農業資源複勘團，在撥款時
以單據抵現由公路局列帳者，可謂驢頭不對馬嘴矣。除

已經設法查詢此事有無公事之根據外，當先將其單據內容加以審核，發現內容凌亂，次序亦多顛倒，費時良久，始獲悉單據缺少一萬餘元，當交會計人員與該會再行核對」。中橫公路的經費由美援會提供公路局執行，並受美方監督。傅主任職的安全分署即為監督機構，從這次的查帳可以發現，對於執行單位來說，往往有經費互相挪用的便宜行事，甚至單據不清等問題，傅主查帳時一一指出這些問題乃為職責所在，亦能看到其一絲不苟的態度。1962 年 6 月 14 日傅主前往中華開發公司查帳時也注意到：「中華開發信託公司為一極特殊之構成，只有放款，並無存款，業務實為銀行，而又無銀行之名，以余見此情形，甚懷疑何以不能即由 AID（國際開發總署）及美援會等機構委託各銀行辦理，豈不省費省時？現開發公司待遇奇高，為全省之冠，開支浩大，何以必設此機構辦理放款，實難捉摸云」，顯然他也看到許多不合理之處，這些紀錄可提供未來探討美援運用、中美合作關係的更深一層面思考。

事實上，最值得討論的部分，是傅主在執行這些任務所表現出來的操守與堅持，以及這種道德精神。瞿宛文在《台灣戰後經濟發展的源起：後進發展的為何與如何》一書中強調，台灣經濟發展除了經濟層面的因素外，不能忽略經濟官僚的道德力量，特別是這些人經歷過大陸地區的失敗，故存在著迫切的內在動力，希望努力建設台灣以洗刷失敗的恥辱。這種精神不僅在高層官僚中存在，以傅主為代表的中層知識分子與專業人員，同樣存在著愛國思想、建設熱忱。這種愛國情懷不能單

純以黨國視之，而是做為知識分子對近代以來國家認同發自內心的追求，這一點從日記中的許多事件細節的描述可以觀察到。

三

　　1951 年至 1965 年間，除了是台灣經濟由百廢待興轉向起飛的階段，也是政治社會上的重大轉折年代。政治上儘管處於戒嚴與動員戡亂時期，並未有太多自由，但許多知識分子仍然有自己的立場批評時政，特別是屬於私領域的日記，更是觀察這種態度的極佳媒介，從以下兩個小故事可以略窺一二。

　　1960 年頭一等的政治大事，是討論總統蔣中正是否能續任，還是應該交棒給時任副總統的陳誠？依照憲法規定，總統連選得連任一次，在蔣已於 1954 年連任一次的情況下，不少社會領袖呼籲應該放棄再度連任以建立憲政典範。然而國民大會先於 3 月 11 日通過臨時條款，無視憲法條文規定，同意在特殊情況下蔣得以第二度連任。因此到了 3 月 21 日正式投票當天，傳主在日記中寫下：

> 上午，到中山堂參加國民大會第三次會議第一次選舉大會，本日議程為選舉總統……蓋只圈選蔣總統一人，並無競選乃至陪選者，亦徒具純粹之形式而已。又昨晚接黨團幹事會通知，囑一致投票支持，此亦為不可思議之事……開出圈選蔣總統者 1481 票，另 28 票未圈，等於空白票，此皆為預料中之

　　結果，於是街頭鞭炮齊鳴，學生遊行於途，電台廣播特別節目，一切皆為預定之安排，雖甚隆重，而實則平淡也。

這段記述以當事人身分，重現了三連任的爭議。對於選舉總統一事也表現出許多知識分子的批評，認為徒具形式，特別是「雖甚隆重，而實則平淡也」可以品味出當時滑稽、無奈的複雜心情。

　　1959 年 8 月初，因颱風過境造成中南部豪雨成災，為二十世紀台灣最大規模的天災之一，日記中對此提到：「本月七日台中台南一帶暴雨成災，政府及人民已展開救災運動，因災情慘重，財產損失逾十億，死傷在二十五萬人左右（連殃及數在內），政府正做長期計畫，今日起禁屠八天，分署會計處同人發起募捐賑災，余照最高數捐二百元」。時隔一週後，傅主長女即將赴美國留學，需要繳交的保證金為 300 元，由此可知八七水災中認捐數額絕非小數。

　　日記的特點在於，多數時候它是傳主個人抒發內心情緒的平台，並非提供他人瀏覽的公開版，因此在日記中往往能寫下當事人心中真正想法。上述兩個小例子，顯示在政治上傳主充滿愛國情操，樂於發揮人溺己溺的精神援助他人；但他也對徒具形式的政治大戲興趣缺缺，甚至個人紀錄字裡行間均頗具批判意識。基於這樣的理解，我們對於《吳墉祥在台日記》，可以進行更豐富細緻的考察，一方面同情與理解傳主的心情；另方面在藉由他的眼光，觀察過去所發生的大小事件。

四

　　然而必須承認的是，願意與傳主鬥智鬥力，投入時間心力的歷史研究者，並非日記最大的讀者群體。對日記感興趣者，更多是作家、編劇、文人乃至一般社會大眾，透過日記的閱讀，體驗另一個人的生命經歷，不僅開拓視野，也豐富我們的情感。確實，《吳墉祥在台日記》不單單是一位會計師、財金專家的工作紀錄簿而已，更是一位丈夫、六名子女的父親、奉公守法的好公民，以及一個「且認他鄉作故鄉」（陳寅恪詩〈憶故居〉）的旅人。藉由閱讀這份日記，令人感受到的是內斂情感、自我紀律，以及愛國熱情，這是屬於那個時代的回憶。

　　歷史的意義在於，唯有藉由認識過去，我們才得以了解現在；了解現在，才能預測未來。在諸多認識過去的方法中，能承載傳主一生精神、豐富閱歷與跌宕人生旅程的日記，是進入門檻較低而閱讀趣味極高的絕佳媒介。《吳墉祥在台日記》可以是歷史學者重新思考戰後台灣經濟發展、政治社會變遷不同面向的史料，也是能啟發小說家、劇作家們編寫創作的素材。總而言之，對閱讀歷史的熱情，並不局限於象牙塔、更非專屬於少數人，近年來大量出版的各類日記，只要願意嘗試接觸，它們將提供讀者無數關於過去的細節與經驗，足供做為將我們推向未來的原動力。

編輯凡例

一、 吳墉祥日記現存自 1945 年至 2000 年，本次出版
　　 為 1951 年以後。

二、 古字、罕用字、簡字、通同字，在不影響文意
　　 下，改以現行字標示。

三、 難以辨識字體或遭蟲註，以■表示。

四、 部分內容涉及家屬隱私，略予刪節，恕不一一
　　 標注。

日記照片選錄

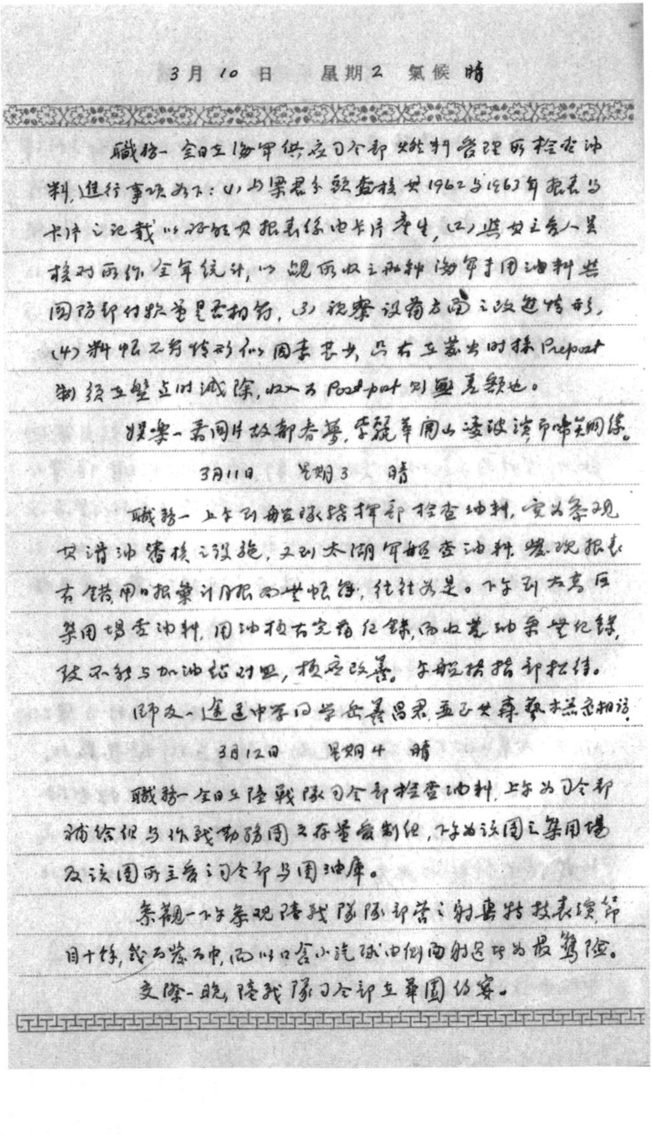

3 月 28 日　　星期 6　氣候 晴

旅行一昨晚十四時半由廣州來在車出發北上，今晨
七時返抵台北。

閱讀一數日來連續讀完故秦牧絕氏著"語文
談往"乃其古年七十為門所題現友賀家書。哥較率
方幼年青年篇，敘稿軍，敘評少為操抗日本侵略淪
北對殊此時期。此為29年長子以外之讀之時期故
秦氏於張白忠氏之壯族治它石歐史評紀孫一世向
傳中，於念古以宇敬倒學成榮於兩懷之意義也。

參會一昨到中山堂出席空途研究院小紀會談
由彭作佐氏姓領動批告及研究實計紀仲構向題
之心得，楊楊宋批告近年政議工作特形。

3月29日　星期日　陰

家事一向日來本卷由自來水廠接裝許宅由羅斯
福路以達南昌路，遂使吾家自來水乾用量逐月增加，接
驗水表登堂失空淺，全部水管加一挖查，因理支地下拉
術上固就甚多，乃用釜鑽種新辦法，將結要容業，另用
新式接續路由卷由(原係中水術直接接手)新許引
水入戶，每中承高承寫採芸由吉，亞將馬桶橡皮
整換新，一旦事後，此接換君人之內色也失於矣。

參觀一晚同純芳到第大西廊吉亞為黃君思林所作
冊幼軒深子知接續之作，有李碧聖嘉山小二嶼，畫傳。

珠女一吉林堂想影花圃錦撮，完全娛樂性作品。

5月16日　星期6　氣候　晴

體質－上午到台保聯合門診中心複診鼻症，家苦醫師斷以鼻竇炎，應多照光與服藥，至傍晚以熱水蒸氣噴吸三次，謂以漸愈云，右完全向好之處。

參觀－下午到省立博物館參觀國畫堂畫展，以齊白石徐悲鴻溥心畬等為最多，其他有黃君璧等亦甚佳，作品皆極精，齊作尤軸極鷹尤出色。

交際－下午到中山堂參加召錦瑢兄之長女結婚典禮。

5月17日　星期日　晴

參觀－上午同紹萍到歷史博物館參觀五畫展，為當代名家之聯合展覽，各展與畫展異色，記以有名畫家亦新表現手法，出右珍考記印於嫩糿色，今以更幅加以同時有多觀之作作有古葉任延，待獵夫、吳海秀、陳子和等，其中以五每款以北京古國君國畫堂畫展，固然若未往現也，今以一觀心為神往。

5月18日　星期1　晴

職務－今日同紹普於師範大學之徐州大學詢向便費賬，上午與會計主任路九等及主辦張君與預向經辦趕林伯元君交換意見，嗣君君為商查對1963年度決算報告暨1964年度四月底月份報告，嗣林君審查硏向作款帳等工作報告對處化錄與抄方對決預向之報告等項資料，下午接對帳目暨紹化帳項錯誤案，但未將對實際帳況。

9月 15日　　星期2　氣候 晴 陰雨

職錄一上午，續到大華實業廠查帳，其會計陳客赴花蓮未返，其董事長王仲昌云，可用電話催其於明日四時以向再作行核說，首向其會計助理人員查望多項論詢，尚多待查對，經結略異，集多勸其載造並油等其他植物油均可相詢，彼而該業詳，遂詢以財務，列又一向三不知查出今年春向要各洋行股東會或其會以及存來外往，此類均詳情不甚記憶，披待陳一得答後，渠益表示對於產品之難，錢主推支於此方面，希望供給教育切能免有所連帶記於Cooley放放到波古銀行作供，已是可確固，言下似有毋庸另再查核之處，余所可包苫以此係另一向題，本不要強合約及查核其財務狀況云，彼始首肯以對。

9月16日　　星期3　晴

參觀一本年度大文物展覽根底於台北舉行，與教育新舍余往片術介紹到歷史博物館參觀，展出均為故宮中央和博物院與歷史博物該池鳥古銅器，瓷器玉器，法書名畫，碑帖文獻文史，漆器，琺瑯，雕鏤刻蟲，甲骨及甲葉凡四百餘件，歷時三小時始看畢，其中最珍品古毛公鼎、瑯琊台刻片、王右軍三帖、郝送庵奇譜、諸遏良兌寬估贊、清明上河圖，及江萬里圖資陽圖等。

晚友一晚，偕志仲兄來談，係再敦稡記室溝疾，孟南談，山向況一切穩定，完全由於氣運，乱局人謀誠於當局各黨名作要先題，究又有也。

10月 30 日　星期 5　氣候　晴 陰雨

職務－十月份之作為 Cooley Loan 對於 Pfizer Taiwan Co. 貸款之查帳工作，今日先行閱覽卷宗，關於此等資料本有計畫完全無卷，只好向貸款部份借閱。此項貸款之不同特性的 Cooley Loan 之處不同，查 Cooley Loan 為美國由於 Public Law 480 所存之海外外幣加運用以對至少貸款對象經為美國人，或為對於美國農產品之產銷有助長作用者，其貸款營業機構，亦均為承辦借款人，若非如此，此一 Pfizer 若原則申請投資之美國 Pfizer 為借款人，然於 Pfizer 為巴拿馬之 Pfizer 之子公司，而巴拿馬該公司之母公司之為組織之 Charles Pfizer 公司，此一組織之今日又係依 Delaware 州之法律而組成者，其所以用於如此之處，該必與租稅及租負有關云。

10月 31日　星期 6　晴 陰雨

慶弔－上午先生約同談大陸友君，同大姑家，眼證書，及寅賂會等此參加總統七十八歲華度簽名祝賀。

集會－上午參加國大黨部小組會議，而談為是否請總統以函知方式向國大代表主張召開臨時國會，未獲決定談等方式，深以遺憾此乃黨全為中央堂召集人未理之事，然亦不將快之氣氛致逐漸沖淡。

娛樂－晚同紹寧到國光戲院看大鵬，徐露鈕方雨演十三妹，後妻老生及視腺等少一般戲不同，又妻每入喜必直到底結一大段即大段唱工而初見書新穎，惜多喝華景重耳。

11月 23日　　星期1　氣候 晴

家事－今日為本次公假之最後一天，�與諸碑家具，為窗戶為貓所破，補其四孔，又因漏陸諸果將盡，居間向丈夫利用借用客之伸本水客庫盛追退，從水市場夫妻主理樣之挺立食收挽，又刮市上為紹的ㄨ鞋，好為十美同。

集會－下午赴陽明山莊山紀念議林發隔術，紀念晤談魁設吉尸所捭之故事犯行注制上社究妏保律截律制之炒孟後旅制主任伩活力，而對究極為澤剗，塔絵眽山對此地元林大刀闊等寶施之域境所涉也，雅改道紀上ㄨ人，爹傷果又富達

娛樂－下午赴園戲院看電影，"The Fall of the Roman Empire"（大羅馬帝國）盛哀更舜蔺主後，場而猛人，而女之伸之戱之辜宴。最後一埸火陋巷石抄未，而继陵列之禁習為因在林悫又是七同。但尚沒腐敗匄那件依若我言乎！

11月24日 星期2　晴

職務－今日逢事耗也值作好之電ㄧ，祀為所絲：核對打字傳稿之作，其一為 POL Supplies，上星期之市已畧送一次，但因為時向還，令口刼先中主化課室母引評四書迳，惇ㄖ評加技核，果能仍凰見恙之錯误，号係因 Martindale 妏経字連賴襯，敀为打字小姐所误妗，其二為 Michigan Team 之渻怀出羗諛報告夫済州区立令之件假期中，故丟核核而行也刼元中主化持心 Martindale 核閱，令口留誃逄在技士寺譛涞教ㄨ，並由庸物可抹之 cut-off date 由八月延長至九月底，文章上去诶仉惝正云。

目　錄

1964 年（56 歲）

1月1日　星期三　晴
元旦

今日為民國五十三年亦即公曆 1964 年元旦，事先接總統府通知舉行團拜，地點為中山堂，乃於今日上午七時前往，由蔣總統主持，即席宣讀告軍民同胞書，行團拜禮後散會。新年仍循過去之例不自動發出賀年片，只於接到後以所用舊印賀年片作答，約五十份左右，另對海外及辦公室外人發聖誕卡。

1月2日　星期四　雨
閱讀

今日繼續放假，讀 *Reader's Digest* 正月號，Mandelbaum and Rater 作一文 The Excuse We Should Never Use，描述勿以善小而不為之至理，此為一般社會所人人忽略者，蓋人人所思者為："What I do doesn't really make a difference"，實際上人人可以或多或少造成實際的差異也，極值省察。

1月3日　星期五　雨
進修

英文課教師 Mrs. Peppin 講民族與民族間了解之不易，即如幽默感之一端，美國人極富於 Sarcastic 之情調，而歐人、華人則未也，設彼此均了解並能使用，在增進人類了解上實有大效也。

師友

隋玠夫兄來訪，送來稿費及月份牌。

瑣記

今日繼續請假一天，在寓休息，上午則到新生南路為紹彭買童子軍教科書。多日未受之侮辱，今日又以金錢為題而發生，立覺頭痛如裂，余何德薄至此哉！

1月4日　星期六　雨

交際

晚，觀光協會陳貫、雷樹水在中央酒店約宴，到有美援會沈、趙二君夫婦，生產力中心徐君夫婦等，在用餐時間內並有琉球電視小姐表演舞蹈，羅苓表演歌唱，歌唱時食客均可步樂跳舞，此一營業在台北為首創，故座無虛席，其節目則雅俗共賞，余與德芳同往，辭出後並到三軍托兒所看台大演出崑曲，只看到刺虎一折之尾聲。

1月5日　星期日　晴

聽講

上午到民眾服務處聽老人福利會舉辦之健康講座，由道林中心王棣華講返老還童問題，並約道友五、六人表演氣功丹功，有若干功效確為不經見者。

集會

下午同德芳及紹中到美而廉參加中國畫學會舉行之聯歡會，余並以來賓身分致詞道謝，今日演說人員中以李靈伽報告東南亞之行，語多幽默警闢，發人深省。

師友

　　晚，蘇景泉兄來，閒談。孫福海君來，因余前介
紹其在彰化銀行開戶，現須另填介紹書，詢有無同樣
情事。

1月6日　星期一　晴有陣雨
職務

　　斷續查核數月之亞洲水泥公司帳目，於今日開始
整理資料，因時間拖延太久，致有若干較早之 working
papers 非經細看不能了然，然由此亦可知依本分署所需
要之 working file 標準，實有若干地方不夠詳盡也。
交際

　　晚，亞洲水泥公司龍毓珊經理約宴本署同人。

1月7日　星期二　晴
職務

　　繼續整理亞洲水泥公司查帳資料，特別注意其所送
資料中之欠缺一致處所，因而發現宋作楠會計師在其查
帳報告內對於流動負債與固定負債之劃分，前後未採同
一標準，更由於其中長期負債有一筆在今年送華盛頓之
預測表上有位差，以致許多數字均須改算，甚矣查帳工
作處處照顧之難也。

1月8日　星期三　晴
職務

　　從事臨時工作，即截至十二月底止之查帳報告六

個月來情況，所含報告之發出期間為三月一日至八月
三十一日，此事因時限關係，數人通力合作，余擔任之
部分為美援會所發報告十件，初稿由該會寫出，經校閱
發現錯誤甚多，均核對原報告與上期此項半年報告之內
容一一加以改正。

娛樂

晚同德芳看電影，為 Elizabeth Taylor 與 Richard
Burton 所演 The V.I.P.s，尚佳。

1月9日 星期四 晴

職務

開始寫作亞洲水泥公司查帳報告，按新格式辦理，
今日已將綱要擬訂，並除 Findings 外，將其他較細瑣之
部分寫好。

瑣記

本分署之員工綜合所得稅因折扣問題未決，均未申
報，現分別接市府通知估額，並限十天申復，余於晚間
詳加檢討，並填 51 年綜乙申報及復文。

1月10日 星期五 晴

職務

上午，到亞洲水泥公司查詢有關尚未交來之資
料，下午並再加詳閱其所作後三年之 Projected Balance
Sheet，今日在資料研究方面適遇該公司會計師宋作楠，
交換意見不少，但宋君似對若干較細微之點並不熟知。
辦公室有人云，其他在台美國機關華籍人員有委請律師

起訴，請財政部核定薪資打七五折完所得稅，並不追溯
往年，受託律師為一立法委員，公費八萬元，實為不
倫。發出對市稅捐處之所得稅復文與申報書。

1 月 11 日　星期六　晴
集會
　　上午，到中山堂參加十九屆司法節大會，演說者有
司法院長、行政院長、立監兩院司法委員會代表等，會
後並演電影，白露明、王引演「人之初」，主題甚好，
製片平平。
家事
　　上午到中和鄉探視姑母腹疾，聞已一月，尚在服
藥，成效甚緩，贈德芳自烤蛋糕一個；表妹姜慧光告
人造纖維公司利息十二月一日改一分五，一月一日改
135 云。

1 月 12 日　星期日　晴
聽講
　　上午，到民眾服務處聽老人福利協進會舉行之健康
講座，由道安和尚講「禪的修養」，在一小時半之內簡
述什麼是禪，怎樣修禪及禪的價值，謂自達摩在梁武帝
時傳禪入中土，修禪有成者一千餘人，有語錄者五百餘
人，修禪之特性為由疑生悟，與一般宗教以固定教條育
人者大異，道安引證極淵博，引人入勝。

1月13日　星期一　晴

職務

　　續寫亞洲水泥公司查帳報告之 Findings，先述其 DLF Loan Agreement 何者已執行，次述未執行者之一即長期負債尚有未正式報告 DLF 徵求同意者云。下午本分署放映甘迺迪總統遇刺葬禮，及詹森新總統在國會致詞兩部電影，後者甚清晰，前者則為默片。

意外

　　下午下班回寓，照例路過公園，正築圍牆，上有細長模板，下有挖溝，因注意腳下，上面頭之左側為模板劃破四寸長一條血痕，立至醫務室敷藥，血已止。

1月14日　星期二　雨

職務

　　續寫亞洲水泥公司查帳報告 Findings 第三段，為關於分配股息紅利問題之經過與現狀，第四段為火險所保不足半數，第五段為若干器材未有 US Aid emblem，第六段為關於 Property Control，卡片尚未建立，至此已全寫完，並就六項中之二、四、六，三段在 Recommendation 內寫 recommendation 三件。

1月15日　星期三　晴

職務

　　去年春間與鄭學楨君胡起德君共同所查之 Retired Servicemen Placement Fund 帳，因被本組長 Millman 積壓過久，查帳報告已成明日黃花，乃囑將原來表示去年

四月三十日之狀況者拉長至十月三十一日，重寫報告，
今日將原有三個附件財務報告先行依十月底資料寫成。

1 月 16 日　星期四　晴

職務

上午到退除役官兵輔導會，查核安置基金自去年五
月一日至十月卅一日之收支情形，目的在將去年本已查
至四月底之數字能延展至十月底止，此為重寫該項報告
之需要，今日工作即為將報告內有明細數字之項目必
須根據帳內分析而得，不能由其月報表內得知者加以摘
抄，下午即依所得之新數字開始寫作報告。

業務

林務局馮主任介紹高雄經緯企業公司陳君在大方旅
社晤面，託辦公司登記，余將應備資料開示。

1 月 17 日　星期五　雨

職務

續寫 RETSER Placement Fund 之查帳報告，因係
改寫，為時較速，至下午即成其半，但因基金會十二
月份報表送到，原定十月數字又須改用十二月，致前
功盡棄。

業務

經緯企業公司陳君本相約今晨晤面，余將資料要點
相告，但今晨八時半依約到大方旅社相見，云其昨晚即
已南歸，余對其託事本無興趣，但甚異其違約也。

1月18日　星期六　晴曇

娛樂

晚，同德芳到國立藝術館看復興戲劇學校演出平劇，第一齣為林復瑜、黃復龍、茅復靜合演搖錢樹，尚好，第二齣為張復建、程復琴合演之全本武松與潘金蓮，張演武生，程演花衫，均向此一方面應有之戲路描摹，但尚不夠老練，惟在童子班已屬不易矣。

1月19日　星期日　晴

聽講

上午到民眾服務處聽老人福利協進會請熊丸醫師演講血壓與心臟，深入淺出，極有益處。

師友

下午，逢化文兄與尹載五兄來訪，尹兄在大安區競選市議員，將向電力公司總經理處進行拉票，聞余與總經理孫運璿甚熟，余告以只見過二面，素無往還，所傳不確。

慶弔

比鄰楊夢周遙祭父喪，經往致祭行禮。

1月20日　星期一　晴

職務

上午到退除役官兵就業輔導會，繼續查集有關去年十一、十二兩月之安置基金資料，緣上週余已將原截至四月底之查帳報告延至十月底，且已寫成一半，其後劉允中主任與 Millman 因見十二月份表報亦已收到，乃決

定將查帳事項再延至年底，於是必須再往將帳內詳細數目摘抄，並於下午將新的財務表製成。

1月21日　星期二　晴

職務

今日將退除役官兵安置基金查帳報告再度完成，此報告之內容原截至四月底，現已延展至十二月底，其中情況變更之處甚多，故須加以全部核閱，遇有不符處，即須改寫，但大體言之，仍以採用原稿，以剪貼方式出之者為多，故費時不為甚多，僅三數日即得以完成焉。

師友

李德修原都民夫婦來訪，贈水果，並送來一月底止之代存中信局款利息。

1月22日　星期三　晴

職務

將 RETSER Placement Fund 查帳報告作最後之修正，於今日交卷。開始準備 Fy1962-1963 之 POL 查帳工作，先行閱覽有關文卷。

進修

今日英文課時作第五次 Idiom Test，因不僅須填 Preposition，且須將動詞一併填入，故較為難作。

集會

晚，革命實踐研究院 1、6、11、16、21 期舉行聯合聯誼會，由王愓吾報告訪美觀感，並舉行歌舞表演，由空軍九三康樂隊演出，尚佳。

1月23日　星期四　雨
喪事

　　下午，余方辦公，德芳來電話，謂姑母病危，在台大急診處，囑余即往，比至，德芳與姜慧光表妹坐候，謂已去世，乃同至太平間瞻遺容，額尚微溫，而幽明永隔，悲切之至，辭出後訪台大醫院會計主任許華振兄，詢以醫院囑向警局請轉法院檢驗事，經同到急診處詢問，謂因到院時已不及救治，且未掛號，不能出給死亡證明書，故須法院來驗，於是同德芳到姑丈家，余將申請書備就，到永和分駐所請轉洽法院，警員劉君答謂須由板橋分局轉，甚迂迴，但亦可在市內辦理，余乃回姑丈家，將諸事熟商一過後，即又至北市五分局，刑事組俞君接待，謂仍以永和辦理最好，經余再度懇商，已允明晨由彼代轉法院，如此可以時間上節省多多矣。

1月24日　星期五　陰
喪事

　　上午到王裕堂君家商洽姑母喪事細節，渠昨晚曾與姑丈談過，大體已定，今日只策劃具體進行方式，經決定墓地共六坪目前只用其半，即日通知修墳，又同到迪化街選購壽器，姑丈本主用檜木，因無好料，經決定以二千一百元買一香杉木者，辦後王君自返，余到警五分局洽請轉請法院派員檢驗，初推為必須由永和局辦理，經再三要求，始由喻、鄧二員同到地院檢察處，請由張檢察官與高法醫師一同到台大太平間相驗，出給收埋證明書，時已近午，應警員之要求約彼等到復興園吃

飯，雖工作者不過六人，而入席者竟有十人，皆為打牙
祭而來。飯後即赴姑丈家商量開弔事宜，經決定於明日
十時開弔，十一時起靈安葬，並與七弟寫通知十份分寄
至親好友，時已三時餘，余乃急至台大太平間與管事人
接洽殯儀，無負責人，只好待至明晨再辦。余再赴南昌
路定花圈，並與王裕堂君再以電話取得聯絡，告以明日
上午治喪程序。今日德芳則以全力為姑母處理壽衣及棺
內被褥等，並為表妹慧光協助諸事，又安排明日送殯方
式等。晚間依王裕堂君所告之預定墓碑尺寸寫就碑文一
方，將明日帶往墓地交看墓人定刻文字，至此諸事大體
完備，又因公墓為基督教，故摒絕一切迷信舉動云。

師友

　　原定明日宴客，且已發出一人即邵光裕兄之請柬，
因治喪須作罷，下午訪邵君留片致歉。

1 月 25 日　星期六　陰晚雨

喪事

　　晨八時與德芳率紹彭到台大醫院太平間，並隨帶昨
日所辦之壽衣鞋帽等，及至，先與其管事接洽治喪，經
洽妥化裝、車輛、舉重等共一千二百元，因等候表妹直
至九時半始開始化裝，而預定十時開弔，賓客已至，殊
感匆促，十時三刻大殮，立即弔祭，十一時起靈，於半
小時後到達新店鎮下城路安歇墓地，墓地管事陳貴旺已
將壙穴築成，立即下葬，上覆水泥大磚，行禮後並將碑
文交陳，待刻碑後砌於壙前。姑母為余在台之最近的尊
親，上星期六曾見最後一面，即覺衰弱不堪，旦夕慮有

不幸發生，而今果然，痛哉。

交際

　　鄭邦琨兄在渝園約宴，皆為政大同學，首座盛禮約君，明日赴美，乃祖餞云。

1 月 26 日　星期日　雨

交際

　　下午到飛機場為盛禮約君送行赴美，因候車過久，且余所知之起飛時間不甚準確，以致到機場時彼方登機，未能相晤。

家事

　　下午到姑丈家，處理有關姑母喪事若干未了事宜，（1）姑丈曾交余現款千五百元，未經支用，但先已墊支一千一百五十元，經二款相抵，找回三百五十元；（2）轉交昨日馬麗珊送來奠儀；（3）余送奠儀四百元；（4）與表妹約定二十九日頭七由紹寧陪同謁墓，因姑丈須在寓照料一切，而紹寧則因考試未曾送殯，如此可以補禮也。

1 月 27 日　星期一　雨

記感

　　由姑母之死引起對人生之悲感，今日第一天上班，即有許多難以解說之拂逆，為之不勝迷惘：（1）一月開始 POL 查帳之梁君告余，國防部主管美援一參謀來電話挑剔，何以未與彼接洽即先洽油料科，此非初次查油，未知何以向來如此之事忽有此等反響，後油料科汪

參謀來，詢以該員何以如此，彼亦不知，余料係乃因梁君先與談電話所引起，然在當時對梁君表示極端不快，事過全身疲憊，乃知動忿之如何傷人；（2）上英文課發回第五次 idiom 試卷，只得 51 分，此為余有生以來讀書所未曾經過之成績，亦久久不能釋然；（3）今日辦一答美援會公函，同意對去年所查 Tourism 計劃剔除觀光委會各款予以豁免，因為數不多，糾纏太久也；（4）Millman 詢去冬所查政大收房租回扣剔除 15,000 元經過，為之詳細說明。

1 月 28 日　星期二　雨
職務

午後開始與梁炳欽君到國防部後勤參謀次長室第三處，晤其處長及油料科丹戀學科長與汪瀚參謀，此行為禮貌上之拜會，並商洽安排此次查核 Fy 1962-63 油料之程序，經決定先由國防部及其相關之石油公司與相對基金收支組等機構著手，初步由國防部二、三兩處調卷，將有關資料交余等參閱，俟大體了解後，再按陸海空三軍種分頭進行逐一查核云。

1 月 29 日　星期三　雨
記異

余之美援公署服務證原置放於辦公室屜內，昨日欲用，徧索不得，在寓亦到處搜索，毫無結果，連帶的並憶及黑紋皮皮夾亦不知放置何處，翻箱倒櫃，終無蹤影，此事使余對記憶力之衰退益覺嚴重，良以此本為極

瑣屑之事，縱使遺失亦無了不起之後果，所以難釋於懷者，實因不能絲毫藉記憶予以控制，悲夫！

1月30日　星期四　雨

職務

今日國防部後勤參謀次長室第二處參謀趙煒與第三處油料科參謀汪瀚來洽有關 POL 計劃查帳事宜，（1）將該兩處主管有關採購油料付款等紀錄所成統計表，及有關文卷交來核對；（2）安排全期查帳程序九週，預定陸軍四周，海軍二週，空軍三周。

師友

晚，王慕堂兄夫婦來訪，閒談。

1月31日　星期五　雨

職務

繼續核閱 Fy1962-1963 之 POL 文卷，包括 CEA、MLCA 及國防部交來之文件統計等，最後綜合的將其中不能完全一致之數字列成一表，以便進一步解釋其差異。

交際

晚在中國之友社約王慕堂夫婦、邵光裕夫婦便餐，余與德芳出面招待，二人皆十餘年前在濟南同時共事於金融界者，其時抗戰方終，回首已近二十年。

2月1日　星期六　陰
師友
　　佟志伸兄來訪，係赴紐約一商業銀行實習半年竣事，甫行乘輪返台，談曾赴華盛頓，與紹南晤面時見其情況甚好，曾招待其餐敘並游覽；佟兄贈送領帶一條，絲襪一雙，別針、耳環、穿針器等物品。
瑣記
　　旬日來陰雨連綿，且極寒冷，終日燃木炭取暖，又因濕度太高，洗衣不乾，亦為台北冬季對人困擾之事。

2月2日　星期日　陰
集會
　　晚，本分署 Employees Club Children's Party 在國際學舍舉行，余已無不滿十二歲之子女，故只與德芳前往參加，凡成人只有飲料二色，另有抽獎，凡獎品近百件，由百元至四、五千元不等，但未獲中獎。
娛樂
　　晚，參觀兒童同樂會之娛樂節目，計分二節，一為國防部康樂總隊之技術魔術與歌唱表演，二為電影 The Forest Cat，為一極難得之紀錄片。

2月3日　星期一　陰
職務
　　上午，到亞洲水泥公司查核其去年底之財務報表，以備列入此次查帳報告，但該公司現在只將報表製成，尚未印出，故只約略核閱，即待其印出之後再與李毅

稽核一同前往云。下午同梁君到陸軍經理署開始查核
POL 計劃，今日只舉行簡報。

進修

　　英文課四個月已竣事，今日舉行測驗，計有選擇與
聽覺二種，計時一時半，答案尚佳。

2月4日　星期二　晴

職務

　　全日在經理署存量管制中心查帳，與梁君一同工
作，今日全力用於了解其會計制度，大致與前次所查
相同，唯一之異點在於正在試辦使用之機器處理，即
Electrical Accounting Machine，現在已製成十一、十二
兩月份報表，可以與人工所作者相同，但因所屬單位有
十一個之多，與其他油料或軍品之只有二個儲庫者大
異，故使用尚多困難云。

師友

　　下午到中心診所看同事葉于鑫君之胃病。

2月5日　星期三　晴

職務

　　今日續在經理署管制中心查帳，就其 Fy1962-1963
之卡片與其試算表餘額加以核對，經待收待發加以調整
後，尚屬相符。

師友

　　國民大會秘書處經辦台灣銀行貸款每戶四萬元，須
兩代表保證，張敬塘兄來約與張志安氏三方聯保，但余

已先允梁愉甫兄之約，故須擔任三人作保，均已照蓋。

交際

晚，英文班同學六人公請 Mrs. Peppin 及其夫與女。

2月6日 星期四 晴

職務

今日在經理署第一儲備庫查帳，由其制度了解起，並核對帳表。晚，經理署在僑聯大樓約宴。

師友

昨日為張敬塘擔保蓋章，非國大秘書處帳用章，且依規定只可擔保二人，今晨商諸梁愉甫兄，梁兄即將應為余擔保之一件移於擔保張兄，並於到秘書處時將張兄已送入之一件代為改正蓋章，余即函告張兄。

2月7日 星期五 晴

職務

上、下午兩次在七堵油池查核其汽油帳目，余與梁君分擔 1962 與 1963 兩年度，並抽量油池昨日存量，發現之缺點為月份盤存報告表徒具形式，且發現兩個月份之庫存與卡片不符，而又不能解釋原因，又卡片所分存儲地點十欄亦皆未填用，形同虛設。

交際

晚，同德芳到中國之友社參加李公藩兄之次女華琪結婚典禮，並喜筵。

照相

下午在武昌街國際照相館拍二寸半身照一份。

2月8日　星期六　晴
家事

　　舊曆年關在即，德芳已從事籌備各事，如裱糊紙門，蒸製年糕等，甚為忙碌，余今日不須上班，從旁協助，諸兒女亦皆通力合作。換用石油煤氣方三個月，經驗不豐，今日因須將爐頭放在地面使用，發現液體煤氣充塞橡皮管，由管端流出，爐眼起火甚大，上面開關則關閉久久尚不能熄火，此因地面太低故。

2月9日　星期日　晴偶雨
瑣記

　　國大代表以擴建房屋為名步武立監委員之借款，前已核定最高四萬元，余無欠款，故如數照借，昨日通知於今日下午在秘書處辦理，當即帶事先所發之收據照借，借款單位為台灣銀行信託部，利率八釐半，分十年按月由秘書處在待遇內扣還，余之保證人為張志安、張敬塘，余則保證張志安梁愉甫。

2月10日　星期一　晴陣雨
職務

　　上午同梁炳欽君偕陸軍經理署單軾、李家鵬二君，到林口下湖八十四師檢查油料，其情況比上次有改進處，在於對下層之監督，無改進處在於本身集用場之記錄過於單純，此等情形有普遍性，殆已無望再有進步也。下午本分署舉行全體大會，由 Parsons 署長頒發三種獎品，（1）司機開車優勝獎，（2）年資較高者獎狀，

（3）去年有貢獻者現金獎，余等係往觀禮，得獎者約
八十餘人，占全體之半。

2 月 11 日　星期二　陰

職務

上午出發龍崗陸軍第一軍團查核油料，同往者梁炳
欽君，午飯該司令部招待，下午到龍潭補給點查核現
品，與帳不能核對，經囑列一調節表，補寄來本分署
備核。

交際

本會計處此次得現金獎者十七人在峨眉餐廳請本處
全體外國職員與未得獎之中國職員聚餐。余往被邀，亦
有數人不到者。

2 月 12 日　星期三　陰

職務

今日未出發查帳，因本分署所需開送之調查表已由
打字小姐代為打就，故一一加以複核並加註中文，以備
於出發中部之前送交人事組。下午距五時下班時間尚
有一刻鐘時，稽核組長 Millman 語劉允中主任，只留一
人，其餘可以早走，因而只就劉君一人，餘即散值，回
家過年。

2 月 13 日　星期四　晴

交際

今日為舊曆元旦，上午到會賓樓參加同鄉團拜，演

說者有裴鳴宇、臧元駿、趙公魯、延國符、韓介伯等。
又出發拜年，所到為楊紹億、王文甲、周天固、黃德
馨、廖國庥、邵光裕、張中寧、王一臨、曾明耀、吳先
培、隋玠夫、李公藩、曹璞山、佟志伸、田子敏、徐嘉
禾、冷剛鋒、趙榮瑞、余井塘、樓復、王德垕、成雲
璈、姚冠午、林石濤、許有勇等家。來拜年者有林石
濤、姚冠午、吳先培、王德垕、李公藩、曾明耀、冷剛
鋒、楊紹億、于政長、廖國庥、謝持方、邵光裕、王一
臨、佟志伸、田子敏、童綷、隋玠夫、李德修、張中
寧、曹璞山、趙榮瑞等。

2月14日　星期五　晴

交際

繼續拜年，上午與德芳一同出發木柵喬修梁兄處，
又大坪林劉振東先生處，新店崔唯吾先生處，中和姑丈
家與宋志先兄家。下午拜年為監察院政大同學會團拜，
並到王聖農君家、蘇景泉兄處。來拜年者有馬麗珊夫
婦、樓有鍾夫婦、李德民君、成雲璈兄、廖毅宏兄、周
天固兄、童世芬夫婦等。

家事

上午到木柵財務學校宿舍（同德芳）訪師大附中木
柵分部教務組徐組長，緣紹彭本學期在該校就讀，成績
有三門不及格，經通知停止借讀，德芳曾與該校主任徐
為壬接洽，初步先具悔過書申請繼續借讀，但成績由教
務處主管，故往詢處理方式，因補考不及格，註冊前評
定，故將請先行核准云。

2 月 15 日　星期六　晴

交際

今日繼續拜年，先到法商學院答拜謝持方兄，然後到六張犁答拜廖毅宏兄，但皆不遇。下午同德芳到板橋公園答拜童世芬夫婦，僅童君一人在寓，略談即行辭返。黃德馨兄旬前在大雪山林場折骨，拜年時始知其事，今日下午同德芳到台大醫院探望，並贈 Klim 奶粉四磅，並鮮花等。

2 月 16 日　星期日　晴

交際

舊曆年拜年已屆尾聲，今日只有原都民小姐夫婦及其父母來拜年。余下午出發拜年，計到原都民小姐家、曹璞山與樓有鍾兄家。

參觀

路過商展會場，入內一視，秩序甚亂，即出。

娛樂

晚同德芳看大鵬演平劇，計有嚴蘭靜三進士與徐露梁紅玉等。

2 月 17 日　星期一　晴晚雨

職務

上午，同梁炳欽君及經理署之單軌主任與第一儲備庫之許副庫長出發楊梅油池檢查油料，該油池環境布置甚好，其中隊長有克難英雄之選，記帳方面則大致相符，但於此發現與七堵油池同樣之問題，即實存油量與

帳面相差甚遠，非經若干之 reconciliation 與 adjustment
無由核對，值得大加改進。

旅行

　　十二時四十分由楊梅乘觀光號火車南下，於三時十
分（誤點）到豐原，住東方旅社。

2月18日　星期二　晴

職務

　　上午到后里油池檢查油料，同行者梁君及經理署
單、李二君與第一儲備庫許、朱二君，大致平妥，但卡
片記載各欄仍多空而不用，又庫存油料與帳面記載非經
調整不能相符，此為各油池之通病。下午到台中第十軍
檢查油料，制度多有虛應故事，帳表不全一致。

旅行

　　下午二時由豐原赴台中，住於新設之成功路美洲
旅社。

2月19日　星期三　晴

職務

　　上午，到清泉崗裝甲第二師查帳，該師油料作業記
錄完整，經辦二士官精神充沛，惟現品情形限於時間未
能抽查（安全存量係在車內）。下午到運輸署台中行政
車輛集用場查帳，此單位似比前退步，帳籍與表報無由
核對，似完全人為造成。

交際

　　午在裝甲第二師，晚在行政集用場分別赴宴。

師友

晚與梁君訪楊永元兄，閒談甚歡。

2 月 20 日　星期四　晴

職務

上午在陸軍預訓部查油料，下午到郊區五中心查油料，前者分配情形與集用場尚上軌道，後者較差。

參觀

下午到故宮博物院展覽室看本期展覽品，本期特色除各類普遍展出外，以緙絲為最多而精，大幅乾隆字尤佳。

交際

晚飯楊永元兄約飲並送行。午飯預訓部約宴。

旅行

下午七時三刻由台中乘觀光號北返，十時四十分到台北。

2 月 21 日　星期五　雨

師友

廖毅宏夫人來洽，請余擔任保證人向合會儲蓄公司借款一萬元為其子繳學費之用，須供給有恆產之資料，當由德芳會同其往該公司，據云尚須對保，並開去不動產標示。

交際

弔祭王代表興西之喪於極樂殯儀館。

瑣記

因水表突然走快，水廠兩度檢查不得要領，今日再到長興街自來水廠洽詢，據云水表不致有問題，將先來再行察看一次，再決定是否須檢查水表之本身。

2月22日　星期六　雨
交際

下午同德芳到大崎腳中央銀行倉庫訪原振家夫婦，並贈食品，緣舊曆年時原君夫婦及原都民小姐夫婦率子曾同來拜年，並贈水果，特往酬答。

參觀

晚，同德芳到第十信用合作社看陸清雅堂古畫展，瑕瑜互見，精品有宋易元吉秋景獐猿圖，宋張金水十八羅漢卷，明丁雲鵬鍾馗十二象，明諸家黃河萬里圖，文徵明長江萬里圖，唐周文矩大禹治水圖等。

2月23日　星期日　雨
集會

下午，同德芳參加中國畫學會春節團拜，致詞並抽獎。

參觀

下午，同德芳參觀七友畫展，作品以陶芸樓、鄭曼青、張穀年較佳，劉延濤、陳方、馬壽華、高逸鴻似略遜。

師友

　　中午，李德民君來訪，談造船公司會計副處長有實現之極大可能。下午訪劉允中主任，據談本分署同人綜合所得稅事，多數人主張以前短報 51 年度者，將按署發證明數補足申報云。

2 月 24 日　星期一　晴
旅行

　　昨晚十時半由台北出發，乘夜車於今晨七時到高雄，住建國四路勝發旅社。

職務

　　全日同梁君及經理署單、李二君到第二儲備庫檢查油料，情況要點為：（1）帳與表完全脫節，部分帳卡甚至並無日期，有則前後參差，可見均係補登，並不逐日顯示實況，（2）K-1 油池一案報損十三萬餘加侖，而非美援油反盤盈二萬餘介侖，（3）盤盈仍歸非美援，損則否。

2 月 25 日　星期二　晴
職務

　　全日在陸軍楠梓油池查帳，卡片記載與表報仍與前相同，不能完全吻合，由於部分提取不立即造表呈報但隨提隨記卡片之故，此一缺點將隨提單即 417 表之化整為散而加以改善，至於前次所發生之缺點，今日逐一核對，已有顯著之改善焉。第二軍團王崇山組長繼其章科長昨日之訪問，繼來拜訪。

2月26日　星期三　晴

職務

上午在陸軍第二軍團檢查油料，並作第 1077 查帳報告之 Follow-up。大體尚稱滿意，但制度上與一軍團不同，得失互見；下午在其所屬后莊補給點檢查油料，尚上軌道。中午二軍團經理組長王崇山在軍團招待，下午由其副司令郭永在圓山飯店招待。

娛樂

晚在二君團操場看國防部康樂總隊話劇郭子儀，演員眾多，故事動人，場面極大，不可多得。

2月27日　星期四　晴

職務

上午到鳳山陸軍軍官學校查核油料，記載尚清楚，但記帳常有不能適時，集用場資料數天一報之弊。下午到鳳山步兵學校檢查油料，處理極為精細，且將收購司機結餘油料繳回經理署三次，共達萬餘加侖之多，其他單位無一可比也。午、晚兩餐由該兩校招待，在官校並參觀其新游泳池與新教室。

旅行

下午六時四十分乘公路局車由高雄出發北行，於八時到達台南，住永福路國都旅社。

2月28日　星期五　晴

職務

上午，到陸軍砲兵學校查核油料，處理情形極上軌

道，午在該校用餐。

游覽

下午，由一同工作之經理署單軾主任向其舊屬二軍團經理連借車，與梁、李二君同游烏山頭珊瑚潭，由台南至潭為三十二公里，此為第二度來游，並乘汽船進山內約一小時，風光極佳，惟冬季水淺，景色似不若前次所見之浩瀚也。

娛樂

晚在大全成看電影「萬世英雄」（El Cid），為長片，極佳。（卻爾頓希斯頓與蘇菲亞羅蘭主演，哥倫比亞出品）。

2 月 29 日　星期六　晴晚雨

旅行

昨晚十一時二十七分由台南乘夜車回台北，同行者梁君及經理署單軾主任。

交際

晚在李慶塏與靳綿曾二君家舉行本分署稽核組同人聚餐，余與德芳同往。與德芳訪樓有鍾夫婦於聯合新村，不遇。

3月1日　星期日　陰
瑣記

　　因連續半月之出差，若干事項不無臨時權變之處，回寓後須加調整，此等事項包括每晨金剛靜坐法（事實上余將兩端靜坐共十五分鐘省略，只採其中之操作部分），因限於到處無適當之平坦設備須加以間斷，又月底須整理剪存一個月之報紙，此外則數月來只買未看之傳記文學四個月份，於旅途中看完，而半月來之自由報則於今日補看焉。

3月2日　星期一　晴
職務

　　出差兩週，今日工作為照料在此其間未及在辦公室辦理之事，其一為有關正在查核之 POL Supplies 1963 年度餘款，用於油漆空軍油池與修理輸油管之附屬計劃的有關預算，與海軍在基隆增建油池計劃之預算，此二者皆將於查各該 POL Supplies 時連帶及之；其二為複核經修正之 RETSER Placement 查帳報告之 second draft，並改正劉允中所加改正之錯誤處。

3月3日　星期二　陰
職務

　　今日與梁炳欽君開始 POL Supplies 查帳之海軍部分，上午到海軍總司令部補給署由署長李良驥主持簡報，並為一般性之交換意見，下午在其儲運組開始閱覽有關管制油料之文卷，余特別注意其對於海軍陸戰隊油

料之補給與審核手續，似為較弱之一環。

交際

　　晚，海軍總司令部補給署在狀元樓邀宴，在座除余與梁君外，即為國防部人員。

3 月 4 日　星期三　陰雨

職務

　　全日在基隆與梁君檢查油料，上午參加基隆海軍第三造船廠供應處之簡報，並閱覽其帳籍表報等資料，下午繼續核閱並檢查其所屬燃料管理所之帳籍與現品，地點為仙洞，至於四腳亭油坪則為時不夠前往矣，今日發現之問題為（1）經常向石油公司借輕柴油，原因為本身無油池，賴峨眉油艦駐補，現在大修，又須盡量省用，且燃料油石油公司此間不存，更只得令一切兵艦向左營補給矣；（2）陪同查帳人員皆為新參加者，說明甚詳，但有採取捷徑期節時間之圖。

3 月 5 日　星期四　陰雨

職務

　　全日在基隆檢查油料，上午為峨眉油艦，下午為一號油駁，及海軍第三軍區集用場，所得情況如下：（1）峨眉艦過去兩年度卡片不全，但報表與憑單相符，而簡報資料之統計則部分錯誤；（2）油駁業務為初次涉及，卡片係混和援款與國款二種油料，致與燃料管理所者不相一致；（3）集用場明細紀錄已完全，但油料收發存卡又廢止。

3月6日　星期五　晴

職務

　　上午到基隆停泊之中業登陸艦檢查油料，至此大體上已將北部之海軍單位查完，下午在辦公室整理截至上月底止之陸軍油料查帳資料。

交際

　　中午，與本稽核室五同人共同在沅陵街伯龍食堂為同事杜坤明君送行赴美，杜君赴美留學，將於下星期三成行。

3月7日　星期六　晴

家事

　　上月曾接張志安氏來函，謂五省中新店分部主任譚任叔囑轉知將紹彭轉學證書送往，余即快函台南建業中學將其證書寄來，並由紹中送往新店分部，紹彭在木柵分部就讀，今日德芳到木柵詢問，該分部謂無其事，再往新店詢問，謂係誤以為該生在新店，並允將學籍先行轉入，以免木柵不收而台南難回，亦奇事也。

3月8日　星期日　晴

交際

　　上午，同德芳到龍潭十一分石門水庫訪馬麗珊女士，去時因交通時間難以控制，由北市至中壢係乘公路局直達車，由中壢乘新竹客運之龍潭車，在龍潭再改乘桃園客運轉十一分，由十一分步行至石門水庫總辦公室，至則馬女士外出，即將贈物託鄰居汪君轉

交，乘營業車回中壢，復改乘火車回北市，往返各費
時約兩小時。

3 月 9 日　星期一　晴

旅行

昨晚十時半由台北乘夜車南下，同行者梁炳欽君，
今晨七時抵高雄，住建國四路新樂街勝發旅社。

職務

今日按日期派定在海軍供應司令部查油料，此地只
為一管制單位，由該部存管中心擔任，根據報表記載帳
卡，經核對尚屬相符，今日陪同查帳者有由台北來此之
國防部汪瀚君，海軍總部謝上校與吳少校等。

交際

晚在致美齋應海軍供應司令部之請歡宴，午飯由該
部供應中心俞主任在陶芳招待便餐。

3 月 10 日　星期二　晴

職務

全日在海軍供應司令部燃料管理所檢查油料，進行
事項如下：（1）與梁君分頭查核其 1962 與 1963 年報表
與卡片之記載，以證明其報表係由卡片產生，（2）與其
主管人員核對所作全年統計，以覘所收之兩種海軍專用
油料與國防部付款量是否相符，（3）視察設備方面之改
進情形，（4）料帳不符情形似因素甚少，只有在發出時
採 Pre-post 制須在盤點時減除，收入有 Post-post 則無差
額也。

娛樂

看國片故都春夢，李麗華、關山、凌波演，即啼笑姻緣。

3月11日　星期三　晴

職務

上午到艦隊指揮部檢查油料，實為參觀其滑油審核之設施，又到太湖軍艦查油料，發現報表有錯用日報彙記月報而無帳簿，往往如是。下午到左高區集用場查油料，用油極有完備紀錄，而收發油票無紀錄，致不能與加油站對照，極應改善。午艦指揮部招待。

師友

途遇中學同學岳善昌君，並至其森藝木器店相訪。

3月12日　星期四　晴

職務

全日在陸戰隊司令部檢查油料，上午為司令部補給組與作戰勤務團之存量管制組，下午為該團之集用場及該團所主管之司令部與團油庫。

參觀

下午參觀陸戰隊隊部營之射擊特技表演，節目十餘，幾百發百中，而以口含小汽球由側面射過者為最驚險。

交際

晚，陸戰隊司令部在華園約宴。

3月13日　星期五　晴

職務

全日在陸戰隊第一師查帳，其過去缺點已經大部改進，僅經常油仍有透支，但不動用安全存量，而係以專案油早領墊用，故無赤字矣，集用場則110表保存不甚整齊。

參觀

在陸戰隊第一師參觀特為余等安排之攻堅演習，以一個營擔任，包括攻破樹枝、鐵網、寬壕，及爬山越墙與爭奪隧道等項，皆有特殊方法與難能可貴之處。

3月14日　星期六　晴

職務

上午，續到陸戰隊戰勤團將前日未竟工作加以結束，發覺其汽油記帳方式極不合理，不能表示逐日結存。

參觀

上午到柴山看陸戰隊懸崖登陸演習，二小時占領一座陡峭之高山，極為不易，此演習為西班牙陸戰隊司令而作。

旅行

下午四時半由高雄動身北返，乘觀光號火車，略有誤點，於晚十時半到達。

3月15日　星期日　晴

家事

紹彭在師大附中木柵分部就讀，但上週一女中新店

分部（原係以新店分部名義與附中木柵分部交換入學
者）忽透過張志安先生通知其備具轉學證書，將准正式
轉入，經德芳洽詢結果，知非木柵分部之意，係新店分
部主任譚君之誤會，而事先已由出名申請借讀之台南建
業中學將轉學證書寄來，於是紹彭遂淪於無學籍狀態，
幸此項誤會發覺尚早，德芳曾急函台南馬忠良兄將轉學
證書註銷，一場紛擾始成過去。

3月16日　星期一

職務

今日開始空軍油料查帳，上午到空軍總部洽辦工作
程序，了解全軍補給狀況，並視察其集用場。下午對於
半月來所獲海軍查帳資料加以初步整理。依據與空軍總
部所排日程寫 request，請自星期四至下星期六出差。

交際

晚，空軍總部後勤署在中國飯店請客，到國防部及
空軍有關油料人員及本署梁君。

3月17日　星期二　晴

職務

上午同梁君由空軍總部王祖慶科長及車世熙參謀
到八堵空軍第二油料中隊查核油料，帳卡記載甚好，
輸油作業自基隆連接油管後，已極為正常。中午由該
中隊在基隆招待午餐。申請後日起出差中南部事，劉
允中主任原以為 Millman 可能變卦，余今日在 request
上對於將赴中南部檢查單位實況補充說明，竟未加留

難，即行批准。

3月18日　星期三　晴
職務

　　上午同梁君到桃園機場檢查油料，該基地為第五聯隊，由佟副聯隊長接待，該聯隊之油料業務自一年前起改由新成立之油料分隊完整處理，而所根據之辦法則為新引用之譯自美軍之全套辦法，記載詳明確實，比過去大為進步，又在改制之始，例由該聯隊先作試辦，故其一切情況較為早上軌道，故檢查時無甚缺點，上次Follow-up 亦皆做到。午在其一飛行大隊餐廳用高空火食，甚佳。

3月19日　星期四　晴
旅行

　　上午九時由台北乘觀光號火車南下，於十二時到台中，空軍油料大隊高、鄧二大隊長來接，住美洲旅社。
職務

　　下午，到水湳空軍油料大隊檢查油料，該大隊成立二年，規模漸備，先舉行簡報，次參觀其圖解式之作業輸油程序，與換輸油類控制計算方式，再行開始檢查帳務，因此次包括之期間適為由供應司令部移歸該大隊之遞嬗時期，故先由了解制度始。
娛樂

　　晚，看電影櫻都一美人，夏威、阮蘭絲主演。

3月20日　星期五　晴曇

職務

　　上午到空軍油料大隊續查 Fy1962-63 之帳，其記載甚多不能勾稽，製表方式之不正常，即原經辦人亦不能自圓其說，但此情在去年九月起已有改進。下午開始到公館機場檢查油料，先由其制度方面了解，發現在去年三月十一日改用新制度起，其所用之結轉結存數不相啣接，其他月份亦有不能以帳核表之缺點。

3月21日　星期六　晴

職務

　　上午續查公館機場油料，記帳有不能自圓其說之處，經囑其改正表報或沖轉帳項，又有盤盈不收帳，謂為原經手人不在，不知有無弊竇。

參觀

　　下午同梁君昆仲到博物院看展覽品，雖為上次所看過，但仍不覺其厭，真藝術品殆如此也。

師友

　　遇楊永元兄夫婦，與梁君請共進晚餐。

3月22日　星期日　晴

師友

　　晨，以前同事楊永元兄夫婦在大同粵菜館請吃點心，在座尚有因他案出差在台中之同事黃鼎丞兄及一同來此之梁炳欽君。

旅行

　十一時五十九分由台中乘觀光車赴台南，十四時廿一分到，空軍總部車參謀與台南基地蕭中隊長來接，住國都旅社。

娛樂

　看電影「香港之星」，尤敏、寶田明演，尚佳。

3 月 23 日　星期一　晴

職務

　今日在台南空軍基地檢查油料，余任 Fy1963，其去年三月份之記載採用新辦法，將加油車記載之存量取消，但該聯隊帳上並未除去，於是消耗量及連帶的盤盈量均未照記，於是事過境遷，該時何以竟能有偌大的盤盈，竟不可解。嘉義基地在台南辦公，連帶的將予以查核，今日先拜會聯隊長徐華江君，乃國大代表同人。

3 月 24 日　星期二　晴

職務

　上午在台南查空軍基地之汽車集用場，發現有未完全統一控制之車輛，又查嘉義基地（在南辦公）油料，亦有改變制度銜接數字不符之缺點，梁君亦發現集用場缺點。下午查空軍油料大隊油材庫，情況甚好。又在供應司令部查 Fy63 餘款購買材料整修庫管，採購程序，資料不全。

交際

　午嘉義徐華江聯隊長約宴，晚空軍供應司令部約宴。

閱讀

租閱郭良蕙作「心鎖」一書，故事平鋪直敘，文字尚佳，其因性慾描寫露骨遭受攻擊各段，實不若想像之甚也。

3月25日　星期三　晴

職務

全日在岡山空軍飛行學校查核油料，岡山空軍基地油料單位刻隸該校，據云集用場下午有其他作業，故上午先看，下午始查補給中隊，結果發現其兩方所記收發存數皆因特殊情況，而不能無條件顯現實際狀況，應加改善，而新舊制一段過渡時期尤其紊亂。

旅行

晚抵高雄，宿勝發旅社，看電影「太陽王」。

3月26日　星期四　晴

職務

上午在鳳山空軍第一油料中隊查帳，因自大隊成立後，記錄甚為簡單，故半日即竟，並巡視油池設施。

游覽

下午，與油料中隊人員游澄清湖，此為改名後初次到此，循八景路線盤桓二小時，精神為之一振。

師友

晚，經理署二儲庫副庫長李家鵬君來訪，閒談，李君為軍中友人之實事求是者，今日非關職務，乃個人訪問。

3 月 27 日　星期五　晴
職務

　　全日在屏東空軍六聯隊查核油料，上午在補給中隊查核各種油料之收發紀錄，其中特別注意去年三月一日改行新帳務制度之運用方法與前後結轉啣接情形，發現其作法皆有原則可循，兩日之餘額亦可互相啣接而不脫節，較桃園所記尤為合理，可謂全軍之冠，下午視察汽車集用場，各項紀錄甚為完備，只車輛單獨結存油數，實含有未報銷與底油二成分在內，非在月底不能澄清，又收回油票無日戳，為其缺點耳。

3 月 28 日　星期六　晴
旅行

　　昨晚十時半由高雄乘夜車出發北上，今晨七時返抵台北。

閱讀

　　數日來連續讀完故秦德純氏著「海澨談往」，乃其去年七十壽時印贈親友賀客者，前數章為幼年青年事，頗簡單，最詳者為抵抗日本侵略之華北特殊化時期，此為 29 軍最為內外不諒之時期，故秦氏於張自忠氏之蓋棺論定不厭其詳的插入其自傳中，殆含有以旁敲側擊方式發抒所懷之意義也。

集會

　　下午到中山堂出席實踐研究院小組會議，由新任組長姬鎮魁報告其研究憲法統帥權問題之心得，楊揚君報告近來聯誼工作情形。

3月29日　星期日　陰
家事
　　旬日來本巷由自來水廠安裝幹管，由羅斯福路以達南昌路，適值余家自來水耗用量逐月增加，檢驗水表並無失靈之處，全部水管為一一檢查，因埋在地下，技術上困難甚多，乃用斧底抽薪辦法，將舊管廢棄，另用新管換線路，由巷內（原係由大街直接接來）新幹管引水入屋，再由承商來寓安裝內管，並將馬桶損毀坐墊換新，一日事竣，此擾攘甚久之問題已告解決。
參觀
　　晚同德芳到集大畫廊看畫，為黃君璧、林中行、邵幼軒、陳子和授徒之作，有李孫聖嘉山水二幅，尚佳。
娛樂
　　看林黛電影花團錦簇，完全娛樂性作品。

3月30日　星期一　陰陣雨
職務
　　出差工作已畢，今日開始整理資料。國防部汪瀚參謀來訪，略談此次檢查油料一般均有進步，並允在報告發出前先行交換意見。經合會李毅稽核送來年初亞洲水泥公司查帳案彼所作財務分析資料，但在余之查帳報告內恐只能約略採用，因其內容多為一般性的，余之查帳報告乃著眼於對大債權人 DLF 之履約狀況與可能的情形演變也。二週來旅費今日編報，因李君意在台中時星期六下午曾遇副會計長 Crossley 於故宮博物院，最好週末與星期日不報日用費，而作為返回台北再度前

往，余以為可，故打好後再加更改，而實際旅費數則仍相伯仲也。

3 月 31 日 星期二 晴

職務

整理 POL Supplies 查帳資料，從事於相關資料之核對，已發現若干不相符之處，例如陸軍經理署所開之 1962-63 所買煤油數量，即與中國石油公司之表列者不符，又空軍油料大隊所開 1962-63 所收到之由石油公司接收 JP-4 噴氣機油數量，亦與該公司所開者不符，後者於晚間遇空軍總部王祖慶科長時，即當面請其轉與油料大隊再行查詢，又有海軍、陸軍不符之處，因晚間未能相遇，待另洽辦。

交際

國防部後勤參謀次長室執行官馬空北在峨眉餐廳約宴，到梁君及軍方有關油料人員。

4月1日　星期三　晴
職務

空軍總司令部車少校與陳中校來訪，帶來該部所存Fy1963油料餘款移充油漆油池與埋植整修油管用款內容文卷，惜其中所表示之數字不能與收支組實際已付數相脗合耳。本分署日漸減縮，今日復將木製寫字枱全部移去處理，換用美製金屬品，所用乃打字人員設有活動打字機墊板之一種，惟墊板無用耳。

4月2日　星期四　晴
職務

今日複閱空軍與海軍檢查油料之資料，提出要點，以備撰寫報告之用。又因日昨空軍總部車參謀來詢問空軍方面須改進之要點，余允於今日相告，今日乃就整理之要點加以開列，上午該總部王科長來時，取去備參考，余並囑其補查日昨該科送來之餘款移用兩案文卷不夠部分，以憑核對。

4月3日　星期五　晴晚雨
職務

上午，接見空軍總司令部後勤署補給處油料科陳友琴參謀，彼補送Fy1963 POL Supplies餘款移用於油漆油池與換裝油管浚土等工程之資料不足部分，至此已全部送閱，油池案已可視為結案，油管案則尚有補正工作未經完成。下午到亞洲水泥公司續詢近二閱月來之財務資料，包括去年底決算表，本年初股東大會決

議案及宋作楠會計師查帳報告等，又送還以前所借之
會計制度等。

4 月 4 日　星期六　晴
珠婚

今日為與德芳結婚三十年紀念，俗稱珍珠婚者，昨
日紹中、紹寧、紹因、紹彭託余在聯合大樓合定蛋糕一
只，今晨割食誌慶，晚飯並由四人合作，共備菜餚，俱
極適口。

遊覽

與德芳到陽明山文化學院參觀曹教授古物書畫展
覽，出品百餘件，贗者不少，然精者為多，尤其宋畫為
最難得，又參觀該院文化博物館，內藏書畫地圖等件有
原本亦有複製品，分量極多，至午始看畢，然後到陽明
公園休憩至四時始返台北。

4 月 5 日　星期日　晴
家事

今日清明，上午到姑丈家，持鮮花一束，同表妹姜
慧光到新店安坑姑母墳前祭掃，因值星期日，人眾赴
碧潭游覽者多，故公路車極為擁擠，直至十二時半始
回台北。

師友

晚，張中寧夫婦來訪，閒談，張兄子女已有五人赴
美國，尚有兩子在政大尚未畢業。

4月6日　星期一　晴
職務

　　去年底所作亞洲水泥公司查帳報告，原為等待其年終決算，而遲遲未能提出，今日因資料已備，乃悉心加以觀察分析，基本上以決算表為張本，幾經察省，發現其流動比率雖為高於一比一，符合美方貸款條件，然若將其中應調整之項目加以增減，其比率終將為流動負債大於流動資產，同工之李毅君所作分析未及此也。

4月7日　星期二　晴
職務

　　上午，海軍總部派員送閱 Fy1962 餘額油池 K2 與 K3 之粉刷文卷，工料相符，尚有增建油池案則資料不合，須待補送。下午將去年底所寫亞洲水泥公司查帳報告再加斟酌，並將其去年底決算資料再加推敲，對於 DLF 所要求之須有 1:1 之 Current ratio 一節，作較詳盡之描述，此為本報告之重點也。

4月8日　星期三　晴
職務

　　上午到亞洲水泥公司與其會計處經理龍樹柟與張鴻舉君談有關該公司去年底財務狀況事，要點為：（1）該公司資產負債表所表現之 current ratio 為 102：100，但余知其中有資產項目為固定資產之預付，及一年內負債尚未列帳者計共九百萬元左右，如加入計算，即變為 100：98，兩人同意余加以指明，但在其資負表上

不作調整；（2）該公司歷年分紅不逾 DLF 合同所定限度，其算法為將股款溢價亦作為盈餘之一，余本亦表示無所不可，但張君又有新意見，即分紅後立即作為股款收回，實際等於 stock dividend，不受合約所定對於 cash dividend 之約束，亦自有其道理，余亦認為不妨如此主張。此等情形後告之劉允中君，渠又告之 W. B. Millman 並約余共同研究，渠對於流動資產中之固定項目認為絕不可容納，且對於宋作楠會計師之中文查帳報告未予指出，深致不滿，惟彼主張對於購買器材一年內到期之分期付款，不主作為流動負債，則非始料所及焉。

4 月 9 日　星期四　晴
職務

此次所查亞洲水泥公司之帳，以 Development Loan 為主，其用 DLF Loan 所購器材應依約加標 US AID emblem，但其中至少有十五家未照規定辦理，今日依照規定分別填寫 Violation Report 十五份，此一事實在查帳報告內只提其大要，詳細內容則以此項每筆之 Report 為主也。

4 月 10 日　星期五　晴
職務

所作亞洲水泥公司查帳報告今日作最後之審訂，即行交卷。海軍總部派員來送閱 POL 餘款內結匯購料備建油池一案之文卷，據云此一油池需款三百餘萬，而此

次援款六十萬，國款二十萬，尚不知將來如何籌措。

師友

隋玠夫兄之子明日結婚，晚與德芳往訪，面致喜儀。

4月11日　星期六　晴

師友

李德民君來訪，談其所服務之台灣造船公司會計處最近已發動增設副處長，其處長告謂該公司總經理徇其協理之要求以另一胡君為副處長，但以前經濟部張會計長與該公司杜董事長並皆主以李君充任，故詢余以何以應付，余主由其以前所託之俞君向杜董事長曾進言者再作一度表示，以防其再有動搖或受蒙蔽。

交際

下午同德芳到自由之家為隋玠夫兄之子結婚道喜。

娛樂

下午看電影「四海一家」（Friendly Persuasion），極佳。

4月12日　星期日　晴

交際

上午到極樂殯儀館弔國大代表鄒希榮之喪，鄒氏為安徽人，余在皖時尚不相識，來台始有過從。

娛樂

上午到新生社看小大鵬演平劇，有打櫻桃（鄒國芬與王芳兒演）與玉堂春（嚴蘭靜演），均極好。師範大學學生公演話劇「風雨故人來」，張中寧兄贈票二張，余與德芳往觀，演出甚為精彩。

4 月 13 日　星期一　晴
職務

　　空軍總部車世熙參謀來，對兩年度來油料大隊所收石油公司油料數量之帳，據稱已根據該大隊月報表將數量彙算，與該公司已無差額，余抽查數月，亦未發現有不符之處，於是乃以該大隊前送內容不符之統計表加以核對，發現收油數有將進口部分誤為石油公司者，總數相符，但發出數則與其月報表大有差異，且影響存量，極不可解，經囑轉知再送資料核對。

娛樂

　　晚，到中華體育館參觀市長助選晚會，甚精彩。

4 月 14 日　星期二　晴
職務

　　為寫作 POL Supplies 查帳報告，分類摘錄所有 working paper 內之擬入報告要點，已將陸、海軍兩部分摘完。劉允中主任告謂本分署今夏再度緊縮時，本組較高級稽核六人可以不動，直到明年六月底再看情形云。

集會

　　同鄉會發起為周百鍊助選市長，在陸軍軍官俱樂部座談並聚餐，演說者七、八人，周亦參加。

4 月 15 日　星期三　晴
職務

　　開始寫作 POL Supplies 查帳報告，今日已完成本文之開端部分，包括 Background 及 Scope 等項。

交際

晚，稽核組同人公請卸任組長 W. B. Millman 夫婦
於渝園餐廳，余與德芳參加，凡二席，並公共繕製卷
軸一件送密氏留念，此卷軸中英文合璧，英文部分託
其他同人寫作，中文部分由余撰寫，共同用中英文簽
名致送。

4 月 16 日　星期四　晴
職務

美國 Secretary of State Dean Rusk 今日到華訪問，下
機後先到美國大使館會商，並在庭前草地與大使館及本
分署美籍、華籍人員演說，余亦參加，其演說歷時十
餘分鐘，頗為得體。續寫 POL Supplies 查帳報告，今日
所寫為本文，亦即 Findings，只完成第一段 Funding and
Procurement。

4 月 17 日　星期五　晴
交際

本稽核組組長 W. B. Millman 夫婦今日上午啟程赴
港轉回美國，本組全體同人前往送行，余亦前往，此為
新機場候機室建成後初次前往。

職務

今日開始閱 Texas Team 之與師範大學建立英語
中心合約文卷，以備立即開始該項查帳工作。又此次
POL Supplies 查帳工作包括前次 1958-1961 之查帳工作

Follow-up，今日與梁君詳細研究其中若干較為難於明瞭
之問題。

師友

　　張中寧夫婦來訪。

4 月 18 日　星期六　晴

娛樂

　　晚，同德芳到藝術館看話劇，由馬驥、王孫、明
格、林幸枝、蔣娉等演三幕劇「旋風」，描寫人生在大
的旋風時代內種種無可如何之遭遇，暗示生於此等時代
之人中年與青年者應如何處理事業與家庭等問題，主題
不甚鮮明，且有若干穿插顯得累贅，但布景燈光與演技
則皆極成功。

4 月 19 日　星期日　晴

家事

　　七弟瑤祥來談其弟婦不久前患精神神經病，時有發
作，近經台大醫院處方診療，已見進步。

體質

　　右下牙床裝假牙已半年餘，數日來又有附近口腔被
磨破之處，因余已有此經驗，知其並非口瘡，故兩日來
將假牙卸卻，果然轉好，又此假牙賴以固定之最後面一
臼齒自裝後即有蛀蝕現象，因而此面牙齒仍無用也。

4月20日　星期一　晴
職務

繼續準備 Texas University Team 之查帳工作，已將本會計處所存文卷看完，因有關撥款資料在總務處文卷，特往調卷，而總務文卷則一向漫無頭緒，經手人請假一星期，他人竟無法可找，只好廢然而返。劉允中主任告余，本組組長現由 Martindale 兼代，渠告謂今年六月底又將緊縮一次，本組較有資歷之六人將在一年內不動，所言與前日方去之 Millman 所言者相同，當有若干可靠性云。

4月21日　星期二　晴
職務

繼續寫作 POL Supplies 之查帳報告，今日寫第二段 Accounting System，先敘各單位設帳情形均甚正常，但有不盡理想之情況，如陸軍經理署各油池之儲位卡，不在位置各欄一一加以登記，致無法隨時盤存，又如空軍換用新制度，在啣接時登帳不能緊接，雖無實際錯誤，然記載方法殊應大加改善也。

4月22日　星期三　晴
職務

臨時幫忙工作，從事於歷年退除役官兵就業輔導會有關計劃查帳剔除款之後又豁免者係基於何項理由，逐一列表，目的為會計長 Nemecek 正從事研究該會近又要求數件查帳報告剔除款之豁免，作為有無前例之參考

云，此事本甚簡單，但因年代久遠，文卷不全，以致頗
費周章，尚有一時難於查到者。
娛樂

晚到中華體育館參觀山東同鄉會為對周百鍊助選而
舉行之同樂會，德芳同往，未終而返。

4月23日　星期四　晴
職務

本月下半月工作為 Texas University Team 之查帳，已
開始查閱文卷資料，以作準備，除合約文字前已看過
外，今日看其 Fy1963-1964 之台幣 support fund 之預
算，至於實際支用情形，則因月報表卷存不全，只好待
至核後再行查閱矣，預算部分亦因中間多有變更，核閱
摘錄甚費周章。

4月24日　星期五　晴
職務

上午，空軍油料大隊郝湧科長持帳來核對其
Fy1962-63 之接收石油公司 J-P4 數，但只能核對收入
數，消耗數云係依各基地報表列數彙計者，未曾記帳，
至此已屬無能為力，只好認為大體不差矣，當將其原作
之與事實大相逕庭之表報退回，因置於余之 working file
內徒滋混淆也。去年所作之 RETSER Placement Fund 查
帳報告經多次修改後，今日由新任代理組長 Martindale
交余，列有問題二、三十則，將由余再作說明，有極粗
淺者，亦有極繁瑣者。

4月25日　星期六　晴

集會

　　下午舉行國大黨部小組會議，由余主席，組長趙雪峰報告最近有關事項，一為建築貸款之遭受中傷，二為李宗仁在美破壞政府之新事件，三為明日市長選舉支持提名候選人周百鍊之種種應注意事項。

師友

　　晚，與德芳到羅斯福路三段訪張中寧兄，渠代為合送王建今姪喪禮，已經照辦，但堅不收回份金。

4月26日　星期日　晴

選舉

　　各縣市長選舉今日投票，余在消防隊投票，投周百鍊之票，另一候選人為高玉樹，競爭甚烈。

交際

　　晚，本稽核組同人在中央酒店歡送離職同仁劉明德與李琨二君。

娛樂

　　上午看小大鵬平劇公演，王鳳娟主演孔雀東南飛，唱做均有可取。

4月27日　星期一　晴細雨

職務

　　自本組人員漸減以來，凡事已有難於安排之象，況近年主其事者對於任一查帳報告，始之以積壓，繼之以推敲，直至內容已至明日黃花，又囑原作者再就原有之

資料延伸至一新的截止日期，如是多次不出一報告，例如去年余所作之 Retired Servicemen's Placement Fund 與 DLF Small Industry Loan 兩報告，前者又在不斷推敲，後者則今日交出，又須將所含日期拉長，而今日起又將忙於此等舊事重提之案，而新事又暫須擱置矣。開始寫 RETSER Servicemen's Placement Fund 查帳報告內，會計長 Nemecek 與代稽核組長 Martindale 所提質疑之解釋，其中有係向美援會調卷並向退除役官兵就業輔導會查詢始可行之筆墨者，周折頗多，今日只完成其半。

4 月 28 日　星期二　陰
職務

　　續寫關於 RETSER Placement Fund 查帳報告所引發之問題的解釋文字，已經完成，共計二十餘則，有甚簡單者，但更有甚複雜者，蓋現在主其事者對於 Retired Servicemen 各計劃之經過情形極為茫然也。會計長 Nemecek 以數日之光陰，撰寫答復美援會要求對於退除役官兵輔導會有關查帳報告剔除事項之函稿今日完成，Martindale 囑余代閱有無有悖事實之處，閱時深覺文字之佳，理由亦能自圓其說。

4 月 29 日　星期三　晴
職務

　　連日所從事之臨時事項業已告一段落，今日開始續寫 POL Supplies 查帳報告，今日完成數段，計第三段 Report Preparation 注重不依帳製表之糾正，第四段

Stock Keeping and Control，寫其存量常有不足，與向
石油公司經常借油之情形，第五段 Inventory Method，
寫重點不按程序及實存與帳存不符等情形，第六段
Inappropriate Entries，寫盤盈歸自購油料帳等不合理措
置等，至此本報告已完成大半矣。

4月30日　星期四　晴
職務
　　續寫 POL Supplies 查帳報告第七段 Motor Pool
Operation，此段內容最瑣細，共分八小段，並有若干單
位適合於一種情況者，故涉及之單位最多，此段寫好，
全文已畢，此次查帳報告為適應目前唯短是務之作風，
儘量予以縮短，較之去年所作之 Fy1958-1961 查帳報告，
只及其半焉。本組自組長 W. B. Millman 去職，初由
Financial Analysis Branch 之 Martindale 兼代組長，現又
通告將 Audit Branch 與 Financial Analysis Branch 合併稱
為 Audit and Financial Analysis Branch，由 Martindale 為
組長。
體質
　　月來鼻部最多問題，左鼻自一度感冒後有發炎處，
分泌黃液，上午即乾落，下午復結，如此週而復始，甚
以為苦。

5月1日　星期五　晴
職務

今日開始續查 Development Loan Fund 項下之四銀行 Small Industry Loan 計劃，此項計劃在去年春間曾與陳少華君共同查過，但查帳報告經過 Millman 與上層之 Crossley 及 Nemecek 先後積壓不予發出，其中內容尤其 Fund Status 部分已成明日黃花，乃又發交 bring up-to-date，今日開始看一年來之文卷。

5月2日　星期六　晴
體質

下午到公保聯合門診中心由李蒼醫師診療鼻疾，斷為傷風後之鼻炎，取來服藥二種，噴藥一瓶。又由張尚達醫師診察牙疾，謂右下臼齒之不能用者又將至拔除地步，但可遷就假牙亦可用牙套云。

娛樂

晚同德芳到台大體育館參觀榮星合唱團表演，計兒童對唱十闋，混聲隊唱五曲，而主婦隊亦唱五曲，極佳。

5月3日　星期日　晴
參觀

上午同德芳到國軍英雄館參觀台灣詩壇為于右任氏慶祝八十六歲生日舉行之書畫展，凡出品百幅，幾近百家，有于氏今年新作，似乎筆力已不如三、四年前矣。

體質

全日腹瀉四次，初不為意，故早午兩餐照常，下午不支，且嘔吐一次，晚就診於蔡文彬醫師，斷為急性腸炎，注射一針，並配服藥二種。

5月4日　星期一　晴陣雨
體質

自昨晚就診蔡文彬醫師服用特效藥後，本來有三十八度半之寒熱，今日已退，但晨間猶有腹瀉二次，此後漸覺舒適，今日續服特效藥五次，又助消化藥三次，又自服表飛鳴一次，飲食方面則絕對節制，中午食稀飯一碗，晚加麵包一小塊，略食瘦肉，計一小片，又西瓜水少許，尚覺受用。

5月5日　星期二　陣雨
體質

連日患腹疾節食，遍體乏力，今日續告假一天休養，飲食漸增，至晚已覺甚為正常，惟仍不敢多食耳。
瑣記

四月份 *Reader's Digest* 有游覽東京抽獎遊戲，病愈填妥待送，其中含游東京理由廿餘字，及友人中能讀該刊者六人，介紹及熟知之廣告產品等。

5月6日　星期三　晴陣雨
職務

病後初次到署辦公，繼續查閱有關 DLF Small

Industry Loan 之一年來文卷，先行確定四家經辦銀行實付放款與收付本利數額，但本分署之文卷不能十分完全，只好儘已有之資料先行摘錄，以待到各銀行再加補充並核對。

交際

下午往賀張福濱兒子婚禮，未與喜宴。

娛樂

晚同德芳看電影「閨女弄情」（Sunday in New York）珍方達主演，完全娛樂片。

5 月 7 日　星期四　晴陣雨

職務

今日工作為審查一項致華盛頓總署之函件，該函件為 Program Office 所辦，對於 University of Texas 要求在不超出原預算範圍將合約期間由二年延長至三年一節，不予同意，本函所依據者為總署抄送該大學有關人員之公函兩件，其中之一為刻在師範大學執行此一合約之 David DeCamp，文章極好，而不擇辭令，非所經見者也。

5 月 8 日　星期五　晴

職務

分訪第一銀行、華南銀行、彰化銀行及中央信託局之美援貸款負責人，以便將延長查核期間之資料彙齊，以憑納入改進之報告中，又有特殊案件兩件，（1）華南銀行經放新竹中央玻璃廠一部分機器，在前次查帳時

未開始使用，此次該行仍不知其現況，囑即去信探詢，
（2）屏東環台木材防腐之機器亦未開始使用，彰化行
云至今仍然在探索生意之中，醞釀已久之鐵路局合約只
能希望下半年成議，故此案情況無變化云。

5月9日　星期六　晴
體質
　　上午到聯合門診中心由陳立元醫師為余開始補右下
前臼齒，以備能於戴假牙時可以嚼食，先用麻藥，然後
剉去極大一塊，敷藥，歷時半小時，歸後略酸，後即漸
好，飲食用左齒，防藥或有變形也。
師友
　　下午與德芳到板橋訪童世芬夫婦，因其增建完成，
購贈花瓶一對，漆盒一對。

5月10日　星期日　晴
閱讀
　　續讀 J. B. Heckert 作 *Controllership* 一書第四章 Control
of Sales，闡述企業中會計人員對於營業人員銷貨資料
之分析與提供參考之重要性，極為詳盡，且有若干例題
以為佐證。
參觀
　　下午率紹彭到萬華青年會參加其交誼會，有粗淺之
歌舞表演與展覽及若干賭博式之游戲。

5月11日　星期一　晴晚雨
職務

　　春間所作之亞洲水泥公司查帳報告於今日作再度之修正，緣前數日該公司所聘會計師宋作楠將英文本查帳報告送來本分署，經新稽核組長 Martindale 核閱後送一 memorandum 於業務組，提出數點意見，劉允中主任以副本示余，並囑決定是否應將有關事項納入余之報告，余閱後認為其所提有為未經進一步閱卷者，較重要者為原決算表未將應付利息三百餘萬計入負債，余恍然以前有長期觀察之錯覺，乃補計入焉。

5月12日　星期二　雨
職務

　　今春所作 POL Supplies 查帳報告前交一同工作之梁君複核，彼因另有他事，乃由余今日先行作一校核工作，發現若干用字尚欠斟酌之處，因梁君已交打字小姐打成初稿，故須在打字稿上擦改，而又有二個 copy，故較為費時，閱畢覺若干敘述不夠詳盡，但現在報告務求其短，勢難再長，只好聽之耳。

5月13日　星期三　晴曇
職務

　　將 POL Supplies 查帳報告再作最後之校正，並將其中不得已用簡名之處詳加校對，是否在第一次引用時並舉全名與簡名，以資對照，此一報告比之前次查核四個年度之 A-1707 號報告之篇幅減半，因目前以短為尚也。

交際

同事劉明德君脫離本分署改就一菲律賓會計師事務所事，今日赴菲受訓，然後回台執業，同仁皆往送行。

5月14日　星期四　晴陣雨
職務

今日完成 DLF-Small Industry Loans 之查帳報告，此為余去年春與陳少華君所作，因一再為洋員所延誤，原係截止於去年一月底之狀況，非再加以展延，無法發出，乃於上週由各銀行處將四月底狀況加以蒐集，乃據以改寫報告，並換用新定之格式，其中只有一件情況不明者，即新竹中央玻璃廠是否已將進口機器全部使用，經辦銀行去信已一週，尚未獲復，俟獲復再酌文字。

5月15日　星期五　晴
職務

開始準備下半月之工作，即 Texas University Contract 之查帳工作，下午以電話通知該合約之對象師範大學會計主任路九餘，囑其預作準備。此次所查亞洲水泥公司之帳，涉及 DLF 要求其 current ratio 不得低於 1：1 之問題，該公司實際上上年底只有 .98：1，余所不知者是否水泥業在美國之標準為 1：1，查 Wixon Accountants Handbook，只允各業應有不同，但無實例。

5月16日 星期六 晴

體質

下午到公保聯合門診中心複診鼻疾，李蒼醫師斷為鼻竇炎，處方點藥與服藥，並囑日以熱水蒸氣噴吸三次，謂如纏綿過久，有須開刀之慮。

參觀

下午到省立博物館參觀國華堂畫展，以齊白石與徐悲鴻、溥心畬等為最多，書法有曾、左與譚祖庵等，作品皆極精，齊作高軸松鷹尤出色。

交際

下午到中山堂參加石鍾琇兄之長女結婚典禮。

5月17日 星期日 晴

參觀

下午同德芳到歷史博物館參觀壬寅畫展，為當代各家之聯合展覽，書展與畫展並重，但其中有甚多畫家不能表現書法，亦有雖表現而極嫩弱者，今日在畫幅外而同時有可觀之書法者有葉公超、傅狷夫、吳詠香、陳子和等，看畢後並再度同往新公園看國華堂畫展，因德芳未往觀也，今日一觀亦為神往。

5月18日 星期一 晴

職務

今日開始查核師範大學之德州大學顧問經費帳，上午與會計主任路九餘及主辦曾君與顧問組助理林伯元君交換意見，囑曾君籌備重抄 1963 年度決算報告與 1964

年度四月底月份報告，囑林君準備顧問值勤紀錄工作報告，財產紀錄與校方對該顧問之報告等項資料，下午核對帳目，發現記載有錯誤處，但未妨礙實際情況。

5月19日　星期二　晴

職務

　　續在師範大學查帳，所查為 Fy1963 之英語顧問經費，已將華籍職員人事費，美籍人員台幣開支及辦公費等項分別核查完畢，其中有財產關係者並核對其財產帳與財產卡片，所登均甚詳盡，只有一點即電話費之國防特捐均不由相對基金開支，但有二筆國際電報之國防特捐有所遺漏，因為數微細，將不剔除。

5月20日　星期三　雨

職務

　　續到師範大學查 Texas Team 經費帳，已全部查完，大致完妥，只有數筆洋人旅費未諳算法，然溢絀互見，相抵差平，故不予指出，僅將要點向會計人員說明。

娛樂

　　政大 37 週年與遷台十週年校慶，晚在中華體育館舉行，余與德芳參加，節目甚多，精彩者有國防部樂隊演奏，李棠華技術表演砌磚與罈技，三電影公司明星江青等歌舞，頗極一時之盛。

5 月 21 日　星期四　晴
職務

　　繼續師大 Texas Team 之查帳工作，到教育部詢問去年兩次 Contract Performance Evaluation Report，竟謂經辦人完全不在，文卷亦難查出，乃到總務處查卷，亦未有該項發文紀錄，無法可想，只好另行設法向關係方面蒐集資料矣。DLF-Small Industry Loan 查帳報告將資料延至四月底後，報告稿今日打成交卷，尚不知仍然有枝節否。

5 月 22 日　星期五　晴
職務

　　去年與鄭學楨胡起德合作之 Retired Servicemen Placement Fund 查帳報告自半月前對於 Nemecek 與 Martindale 所提問題寫出解答後，今日 Martindale 就余之解答再作分析，並將投資與投資收益兩相比較，以明何者為現金投資，何者為盈餘所轉，盈餘中又有若干為轉帳，若干為現金，余因事過太久，多不能喚起回憶，故倉促答復，難免不切題目，因而費時特多，始告一段落。

交際

　　上午到極樂殯儀館弔張浩然兄喪。

5 月 23 日　星期六　晴
參觀

　　上午同德芳到國際學舍看美國商展會（American

Trade Fair），廠商出品外有一太空艙模型，甚引人注意。
體質

下午到公保門診中心看鼻疾，李蒼醫師認為係甚難治之慢性鼻竇炎，今日先照 X 光，右側及後共三型。
集會

下午出席國大黨部小組會議，討論市長選舉失敗之原因，多認為黨的作風官僚，應急謀改革。

5月24日　星期日　晴
家事

現用 propane gas 在桶上有總開關，在兩爐上有分開關，有時熄火用總開關，其下手開關忘關其一，迨移時使用另一爐火時，無意中三開關全開而其中之一分開關漏氣，常良久始發覺，此事防不勝防也。
交際

張敬塘兄之三子春鏞登報在護專結婚，余下午五時往觀禮，並與喜筵。

5月25日　星期一　晴
職務

開始撰寫 University of Texas Contract 之查帳報告，先寫附錄，完成其二，一曰 U. S. Personnel 之到達與請假狀態，二曰 Counterpart Fund expenditures。T. K. Martindale 又續與余研討 Placement Fund 查帳報告之內容各點，如退除役各計劃何以分散於各機關而不能於查帳時集中，又如各該計劃內之放款何以輔導會無統制

記錄等，皆為對於數年來該會內容狀況太過隔閡之結果也。

5 月 26 日　星期二　晴
職務

所作 RETSER Placement Fund 查帳報告之進一步解釋工作甫告段落，今日有華盛頓 General Accounting Office（GAO）來員亦生興趣，於是再度提出若干問題，且翻閱余等之查帳報告底稿資料，抽繹新的問題，因該項資料已過一年，且有為鄭學楨君所作，故倉促不能答復，乃於事後補作說明，並當日交卷。

5 月 27 日　星期三　晴
職務

續寫 Texas Advisory Team 查帳報告，已全部完成，只待 Performance 資料到時加入。GAO 來員續詢 Placement Fund 內有關 PL480 收款與用款情形，幸甚為單純，略加解說即已了解。
體質

上午公保體檢在省立醫院舉行，驗得血壓148/88，其他大體正常，大小便與血清血素當日無報告。

5 月 28 日　星期四　晴
職務

為設想 Texas Team 查帳報告內之 Performance 一段，除已通知師大提供資料外，今日細閱該 Team 今年

三月初所作之 Semi-annual Report，此一報告內容甚為
廣泛，名為半年報告，實包括自開始以來的一年半之資
料，對於該 Team 進行之工作實為一最切實之報告也。
下午，與同仁到飛機場送會計長 A. O. Nemecek 回美
度假。

娛樂

本分署 Employees' Club 今晚在台灣大飯店舉行一
年一度之會員大會，余與德芳參加，首為聚餐，繼為歌
唱表演，與電影 Follow the Boys，最後為摸彩，約二十
份左右，余無所得，最後為跳舞，余與德芳不諳，且為
時已十一時半，先行回寓。

5月29日　星期五　雨

家事

紹因今夏初中畢業，一月後即須參加聯考高中入學
試，余今日試驗其英文程度，頗為不弱，德芳云其算學
成績較差，須加趕工焉。

體質

鼻疾若干日來始終不愈，今晨由喉排出之痰狀粘
液，微帶紅色，不知與昨晚飲酒有無關係，日間服小粒
糖衣藥，時時欲昏睡，而鼻內粘液大為減少，如此經驗
曾有一次，但次日又恢復原狀，故對於今日之突然好
轉，不敢寄過分之望也。

5 月 30 日　星期六　陣雨
體質

　　下午到公教保險聯合門診中心由李蒼醫師續診鼻疾，上週六曾照 X 光大片，今日調來審視，李醫師斷為左腔有鼻竇炎及小瘤，右鼻竇則有銀元大之肉瘤，詢以良性或惡性，答云須割除檢驗方知，並詢余之年歲，告以五十有六，謂仍以割除為宜，李醫師懸壺於空軍總醫院與台灣療養醫院，謂本週仍先服藥，迨下週六複診時再安排住院動手術事，據云只須局部麻醉，手術時間不過十數分鐘，並無甚大之痛苦，惟須住院養兩個星期耳，余又告以連日有時輕時重之現象，李醫師云鼻竇炎有此現象，又生瘤部分在大片上雖甚明顯，但感覺上不能覺察且絕無痛苦可言，李醫師亦言有時可無痛苦，但其為病則已也。

5 月 31 日　星期日　陣雨
師友

　　上午，李德民君來訪，談經濟部本將調其到新竹煤礦公司為會計處長，但經濟部會計處呈報行政院主計處後，該處又欲就其處內人員外調，因此李君之事竟不能實現，故只好作罷，但此事本為經濟部調處李君現服務之造船公司之人事困難，因造船有二人可補會計副處長，相持不下，經濟部乃欲調出李君，而以原在新竹任會計處長者調至造船公司為副，但遭此波折，尚不知造船公司人事又將如何，據李君云，造船公司會計副處長一職將又擱淺一時期矣云。

6月1日　星期一　雨

職務

　　去年所查 China Productivity and Trade Center 之美援進口物資使用情形，現接該中心由經合會轉來處理情形函件，對於該報告兩項建議執行經過謂（1）財產紀錄內價值已登記完全，只有一個 PIO/C 之物品係美國 GSA 採購，價格資料全無，無法記載；（2）若干未使用物品應如何加以處理一節，該中心故以其他說詞置正題於不顧，余今日對於第一項就其所附送之財產清冊加以核對，發現若干錯誤，有為總數與散數不符者，有為總數內漏記部分散數者，均須更正始可正確，又余查核本分署會計部分所記 PIO/C 帳，發現該中心全部 PIO/C（1956-1961）皆已結束，但其來文謂尚一個未結，亦殊值注意云。

6月2日　星期二　晴

職務

　　下午本組 Chief Martindale 語余，謂本分署正在逐漸結束，各人 schedule 不同，余在 1967 始行停職，余詢以是否尚有三年，但本分署明年即須結束，渠謂此為兩事，無連帶關係也，又談許多，因其發聲既急且低，余未甚了解；旋問劉允中主任，據云 Martindale 並未對其詳言各人如何，只謂原則上最低均維持至明年 1965 夏，以後尚須酌留人員繼續工作云；今日另一吳君彼面告為工作至 1965 云。

師友

　　晚，王慕堂兄來訪，係因聞本分署年後結束，頗關心余未來出處，告以二、三年內尚無問題云。

6月3日　星期三　晴

職務

　　上午，約生產力中心管理器材之王君來核對其所造送之財產目錄，余昨日曾發現其總數與散數不合，經其解釋始知部分由於打印錯誤，部分由於運費價格只在附註內，須加入計算始得總數，今日已完全核對清楚，所餘問題為總表有漏列者，囑其加入改製，又有不用之物件應商同美援會另作處理，凡此皆囑其補送云。下午，與陳振福君陪同華盛頓來之 General Accounting Office 之 Brogan 等二人到退除役官兵輔導會，詢問有關 PL480 物資之使用與何者應產生價款繳入 Placement Fund 內等問題，凡兩小時，當決定由該會作一詳表分列各項物資之應否備價與已收情形，於週內送 Brogan 等參考云。

參觀

　　晚同德芳到中山堂看榮民生產品展覽，以大理石製品等為較精緻，以中藥與漁殖等為最有趣味。

6月4日　星期四　晴有陣雨

職務

　　余本月份規定之工作為 Manual Order No.798.1 之年度報告之編擬，此項報告年來有許多轉變之處，只以 Airgram 之方式行文，798.1 則至今未見修正，而此項

工作又為余從未作過者，故須先將一切有關文件作一番整個之研究，今日即開始此項研究，尚只約略了解其小部分，已覺難於了解。本組同人已分別由 Martindale 通知解用日期，吳學忠明年六月，葉于鑫明年底，黃鼎丞明年秋，李慶塏則後年，月份不知。

6月5日　星期五　晴

職務

本稽核組同人因從事之工作皆為美援計劃執行結果之事後查核，且工作安排為片段而交錯的，只有管窺而難見全貌，且所了解者不能有井然之系統，余為補救此一缺點，今日將 Program Office 所作之截至 Fy1962 年止之統計資料與說明文字，及截至 Fy1963 止之各項計劃全冊加以研閱，既知各項大數及其所屬年度，又知十三年來各項美援重點之演變，其中尤以 Fy1962 起轉變最甚，蓋前此多為 Grants，自此年起將 grants 名為 Development grants，範圍極少，而與之相對照者則為 Development loans，此二者皆為 project type，另有 non-project type，即各項 PA 是，在 1961 以前皆為 grants，1962 起則亦改為 loan，名為 program loan，自 Fy1962 起自行進口物資與 PL480 Title one 之進口農產品為台幣援款孳生之主要來源云。

6月6日　星期六　晴

體質

鼻竇炎略有進步，但無痊癒之象，為求證半月前所

照 X 光是否完全正確，今日再到郵政醫院就診，由方
良金醫師診察，處方為鎮靜劑與外用 Biomydrin-F，余
並要求照 X 光，當即照辦，係俯首與右側向下各一張。

娛樂

張中寧兄贈師大校慶平劇晚會入場券，晚與德芳往
觀，戲目為戲鳳、彩樓配、三擊掌、別窰、武家坡、大
登殿，生角以研究生于大成為最好，旦角以王健、蕭永
琳二人為佳，其餘皆瑕瑜互見。

6月7日　星期日　晴陣雨

師友

上午，佟志伸兄來訪，閒談，知余有鼻疾，聞友人
中有西醫久治不愈而經中醫治愈者，將代為探詢，以便
決定進一步如何求診。

家事

表妹姜慧光來訪，談其女方聞患喘病甚急，久治不
愈，甚為焦灼，亦談及所營之製衣業，因家事照拂困
難，姑母逝世後姑丈情緒不寧，故已大為緊縮，今日並
贈所成睡衣一襲。

6月8日　星期一　晴陣雨

職務

繼續閱讀有關 798.1 年度稽核工作報告之華盛頓總
署所來文件，此類文件以 Airgram 373 為主，其中將有
關之各種報告如 U-202、U-305、U-306 及 U-425 皆有格
式與實例，其中尤以 U-425 為最繁複，余本月份之工

作即為此項 U-425 報告之編製，余於今日已得其概念，
綜合各要點言之，即為將一年來應予結案之各類援款作
一統計，另將未來年度待查與安排應查之各類援款加以
詳細列舉，開明其所需人力與每一計劃之起迄日期，周
詳達於極點，但余見其所列應查數為截至年度終了止，
但未來年度待查各計劃之 cut-off date 又參差不齊，其
中多半為次一年度內之日期，究竟在計劃年度內是否當
年度亦應局部的列入應查範圍，則語焉不詳，似乎二種
可能俱有之，究不知其應如何也。

6月9日　星期二　晴

職務

　　重新修改所作之亞洲水泥公司查帳報告，其原因為
劉允中主任認為其中所寫該公司與 DLF 及以後之 AID
有關限制分紅之種種經過情形可以省略，只述現在有效
之須在分紅後保持 1：1 之 current ratio 即可，又現在
有效之須在分紅時計算與該 DLF 已還借款數額發生連
繫一節，亦須詳加說明，此項見地亦有其理由，故即改
寫交卷。

體質

　　上午到郵政醫院由方良金醫師複診鼻竇炎，其上星
期六所照 X 光片，證明右面生疣是實，與李蒼醫師所
照者相同，惟診斷略異，方氏認為乃良性小疣，無感前
可不作手術，彼又見余右鼻腔有小疣，主作切片檢查，
余認須考慮，今日未做。

家事

晚，七弟瑤祥來談其弟婦黃珠姬患神經病，已率兩女回屏東母家休養。

6 月 10 日　星期三　晴

職務

本組 Chief Martindale 仍在繼續核閱余之 Placement Fund 查帳報告，口頭詢問其中原委數次，費盡唇舌，仍不能使其徹底了悟，蓋輔導會 1956-59 年之計劃繁多，此間美國職員皆 60 年以後來者，過去情形太過隔閡，而又懼其上級作同樣詢問也。

體質

昨晚左鼻徹夜不通且流稀水，為數月來之鼻炎情況所無，幸今日晝間略為輕鬆，始不懼有他。

師友

晚，原都民李德修夫婦來訪，談及余將於不久到空軍總醫院作耳鼻喉科手術，但對該院情形不熟，原女士云該院總主任戴文鑫亦擔任中央信託局醫務室主治，將託戴氏轉為向主治醫師李蒼特加介紹，俾增住院時之種種便利云。

6 月 11 日　星期四　晴

職務

本組新組長 T. K. Martindale 多日來核閱余所寫 Retired Servicemen Placement Fund 查帳報告，為便於轉送代理會計長 Crossley 時能不致於詢問時語塞，故一再

設想若干問題，向劉允中主任及余發問，直至今日始達原稿最後一頁，或可告一段落歟？

6月12日　星期五　雨

職務

Martindale所核 RETSER Placement Fund 查帳報告已經完竣，今日將修改文字交余複核，大致無甚問題，內容無修改之處，其若干日來一再詢問，只為了解其中細節而已。最近所作亞洲水泥公司開發基金查帳報告，劉允中主任已將黃紙原稿核訖，只為文字修改，內容方面則為適應目前簡化報告之原則，凡無須提供 recommendations 者即不作 findings，故閱此報告者如不能對於 background 有極詳盡之了解者，必將十分吃力，此為現在代理會計長 Crossley 與稽核組長 Martindale 所同然，故如何演變，正未易逆覩，此次原稿在討論時略有由余修正之處。

6月13日　星期六　晴

師友

佟志伸兄來訪，留字云前悉其友人延中醫治癒鼻竇炎，頃已知其為馬光亞醫師云。

娛樂

國民大會秘書處下午在中山堂演電影，余與德芳率紹彭及其一同學往觀，片為「漁家樂」（Flipper），乃一海豚之名，由一童星豢養，因其協助而獲得魚群，情節有類「鹿苑長春」，演來甚難，而感人程度反淺也。

6 月 14 日　星期日　雨
端陽

今日為端午節，又逢星期日，在寓備酒食全家歡聚，並邀紹彭家庭教師師範大學彭君參加，彭君在余家已半年餘，曾先後為紹寧、紹因補習，現專為紹彭補習，甚收成效。

家事

下午，姑丈來，聞余鼻內有瘤，諉述惡性者之特點，認為只為良性，余亦作此想。

體質

所患左鼻鼻竇炎一週來服用噴用郵政醫院方良金醫師所配之藥，並仍照以前李蒼醫師所囑，每日用蒸汽薰蒸二至三次，每次二十分至半小時，習以為常，兩日來情況又已不同，原來每晨排出多量之黃色粘液，日間則間時排出少量同樣粘液，現則日間排出之時間甚短，且作白色或淡黃色，粘度大減，類似流涕，晨間則排出量亦減少，只一次，但有時間雜有似血之紅色，除此點而外，似乎均有進步，至於右鼻發現之疣，則依然無任何感覺也。

6 月 15 日　星期一　陣雨
職務

為編製 798.1 年報，余擔任其中第一項 Non-project Dollar 部分，亦即 PA（Procurement authorization）此項表報由華盛頓寄來，現只至四月份，決定即以四月底之 statistics 為基本，因對此項表報所用之號碼代表意義完

全陌生，故與 Program Accounts 部分之凌毓翔吳景介
二君商談，以明梗概，尤其中間有的為 Grant，有的為
Loan，有的為 PL480 內之 Title two，有的為 402 節內
之農產品，均須分章列舉，非經彼等指出，未有途徑加
以了解也。

師友

原都民小姐電話云，已洽空軍總醫院總主任戴文鑫
請協助余住院事，戴君意待余先與李蒼醫師談後，再作
接洽較妥云。

6月16日　星期二　陣雨

職務

兩週前會同華盛頓來員 Brogan 等向退除役官兵輔
導會查詢 PL480 Title II 物資運用收回代價情形，曾約
定一星期內由該會造送詳表，但一再拖延，經洋員一再
催促，幾於不歡，今日始行送到，其中須待解釋之處仍
多，數日來余居間傳話，深為我國機關之不守時間信約
惋惜，今日交卷，如釋重負。

師友

本星期日佟志伸兄曾為中醫可以治鼻病事來訪，余
外出未遇，今日特到中央銀行回訪，表示感謝之意。

6月17日　星期三　陣雨

體質

下午請假到公教聯合門診由李蒼醫師續診鼻疾，余
告以左鼻連日已經不流黃色分泌物，似乎略見進步，經

彼將兩鼻孔略一探視，即行回座繕寫病例，余乃詢以是
否仍須開刀，答謂仍須開刀，左鼻之發炎與小疣仍然可
見，並問余何醫院較宜，余謂空軍總醫院，李氏云該院
只有該科病床四張，現在無空，如住台灣療養院，即可
住入，余謂希望空院，因聯合新村有友人處可以協助照
料飲食也，乃決定下次門診再行商討。在聯合門診由陳
立元醫師看牙，一月前彼本為余將右下較後之臼齒磨去
一半塗藥，今日應用銀粉將塗藥處補起，工作良久，漱
口時將銀粉全部吐出，陳氏乃將缺口處再度塗以藥劑，
謂兩週後再補，詢以何以失敗，謂因缺口處神經甚敏，
其實只為託詞，因神經狀況在今日補牙前初無不同也。

6 月 18 日　星期四　晴

職務

　　繼續整理歷年之 PA 餘額，並開始編列一項
Analysis sheet，將各 PA 依 purpose 分為 General Non-
project Dollar、Loan、480 Title II 等項，並在各大分類
中依 commodity 種類分組，於是先寫去年 798.1 中之
U-425 表內 Schedule II 內之 PA 及數額，然後列出去年
六月前後新發生之 PA 與數目變動情形云。

師友

　　原都民小姐電話謂已洽妥空軍總醫院戴文鑫主任，
提出軍用 408 號病房，以便李蒼提前為余開刀云。

6月19日　星期五　晴

職務

　　因余下星期須請病假就醫，故今日工作為極力求其自成段落，計有下列各事：（1）與吳學忠葉于鑫二人合作之依 Manual Order 798.1 須造送之年度終了各項報告表，連日由余從事之 U-425 表 PA 部分，已於今日將 work paper 第一階段做好，此即依 Non-project Dollar、Development Loan 與 480 Title II 三者將年度終了之各項PA 餘額加以分析，依規定加以排列，今日已全部排好，只待由其他同人將已經查過之狀況記入右附空白欄，再從而算出應在未來一年查核之計劃，與不須查核之計劃，以便過入 425 表之 Schedule I 與 II，即不查類與待查類；（2）亞洲水泥建廠時之器材供應商，在供應時有未將美援標誌照附者，須填 Violation Report，但其中之到達期日在亞洲時不能查出，乃於上午約由美援會蘇君同到北投該會倉庫一一查出，始獲繳卷。

6月20日　星期六　晴

體質

　　下午到公務聯合門診，初擬掛李蒼醫師之號，但見其請假，前日本係由戴文鑫醫師接洽指定之病房，而今日下午有戴氏門診，排隊較遲，欲掛彼號以便查出病歷，乃不可得，遂入內逐洽，戴氏初囑往詢服務處，謂必須由耳鼻喉科醫師核定，始可住院，代理醫師何君乃戴氏之學友，經寫小箋介紹，由何氏通知會診室服務處等，乃辦理住院通知，戴氏並另以小箋介紹空院。

6 月 21 日　星期日　晴陣雨
師友

上午，李德民孫聖嘉夫婦來訪，並贈食品，據談其調遷新竹煤礦公司事尚在擱淺之中，因秋季其女公子將來台北讀書，如仍在基隆造船公司服務，甚不方便，故有意進行調台北電力公司職務，詢余意見，余以為自可如此辦理，但新竹事擱淺中，在未水落石出，不必輕動，蓋政府事常有不能逆覩之情況也。

家事

姑丈來探詢余住院事，未遇，紹因女俱告之。

參觀

下午同德芳到歷史博物館看呂咸氏所藏扇面展覽，計二百餘件，多名家與名伶書畫，可謂琳瑯滿目，余最欣賞言菊朋所寫自撰句曰「不慍者，不改其樂也，不悔者，信其非誤也。」極有意致。至於名家之作品則命意屬詞，皆有驚人之筆，不能備記矣。

6 月 22 日　星期一　晴
就醫

下午由德芳陪同到空軍總醫院住院治療鼻竇炎，先登記，後到門診掛號，在耳鼻喉科診察後，經談到與住院部分交涉及正副院長批准，入住第四病房 427 號病床，蓋公保本有六、八兩病房，此四病房為空軍高級人士所用，每室只有二人，此為經戴主任文鑫之商請而獲准者也，耳鼻喉科主任李蒼醫師適今日下午有門診，謂本擬今晨為余作手術，如此只好星期五矣，其後又告余

明晨將先照片云。病房同住杜君皖人，相談頗不寂寞，
院後空地極大，惟室內稍熱。

6月23日　星期二　晴陣雨
就醫

今日醫護方面為余進行多方面之檢查，以為手術前
之準備，其一為由楊人告醫師為余注油照片，先於未注
油前照一次，立即看顯影情況，因兩鼻皆有問題，乃左
右鼻洗清後注油，右鼻未發炎但有異物，未洗即行注
油，再到 X 光科照立臥兩種大片，今日注油因先用麻
藥插入吸收，故毫無痛楚，左鼻曾洗出黃水，足見發
炎，注油後謂其油自出，惟全日不斷有血水流出，其二
為由陳嘉全醫師量血壓，胸肺，由護士長抽靜脈血，據
云此皆為照例者，又驗尿，防有糖尿病，此等檢驗皆不
向病人通知，蓋正常也。下午通知明晨十時行手術，今
晚十二時後禁飲食。

6月24日　星期三
就醫

上午十時李蒼大夫為行左鼻副鼻竇炎割治手術，德
芳先來在手術房等候，又終日在院照料，入夜亦然。手
術前先注射右臂右臀等處，手術中右手臂亦用針刺，因
雙目蒙蓋，不知其詳，手術歷時二十分，麻藥由左耳
前注入，痛感毫無，只在刀械撞牙骨及顎骨時有微細之
痛疼，凡在肌肉上之動作全不感係何動作，事畢有瓶示
余，內貯黃水寸許，並有木耳狀物，乃鼻竇上刮下之

膜，至於另一小疣多大，則未之見焉。手術中內科主任
戴文鑫大夫亦在旁，並先出病房告德芳以事畢。全日疲
憊之極，十二時後開始飲水並進流質飲食。來探望者葉
于鑫、李德修、原都民、李德民諸君。

6 月 25 日　星期四
就醫

　　創處痛苦不劇，但左頭甚重，上牙床亦有牙痛時之
感覺。依醫師意見頻起走動。服止痛藥及 Achromycin，
後者每天四次，並注射維他命 C 與 K，補血且止血。
切除物化驗報告已附病例，謂只發炎，但未提及另一小
疣事，或係該報告文字余未全識之故。來看者為姑丈及
劉允中主任。德芳日夜在病室照料，辛勞備至，細膩周
到，使余得無煩躁感，用心甚苦也。紹中間來相替，台
大大考方畢，其餘諸兒女尚未也。

6 月 26 日　星期五
就醫

　　左頰腫脹甚大。續打止血針，服止痛藥與消炎片，
每天四次。德芳日夜在院照料。來看者本分署同人李慶
塏、靳綿曾二兄。所住 427 號病床計有二床，另床為空
軍人員杜敬倫氏，杜氏年歲與余相若，甚為安靜，故病
房不覺嘈雜，至其他病房則嘈雜情形不能一概而論矣。

6月27日　星期六
就醫

左頰仍甚腫，據云此係必經之過程，尤其手術之第三四天。繼續打針服藥。德芳與紹中輪流在院照料，深夜始去。胃口極壞，德芳百般設計使余進食，無如百物不思，終嘆奈何，醫云原因或因 Achromycin 之副作用所致。陸慧禪、王德壽二兄前來探視，陸兄年前亦曾由李蒼大夫作鼻手術。

6月28日　星期日
就醫

腫處略消，前數日用冰敷止血，茲改用熱敷消腫，亦已有二、三日矣，食量恢復，胃略舒適，但數日無大便，灌腸一次。中午靳綿曾兄送菜，飯後由德芳將盆送還。表妹姜慧光來探視，並贈水果。廖毅宏夫婦來探視。繼續服用 Achromycin，每日四次，午夜一次最敗胃，先食餅乾，略得中和。

6月29日　星期一　晴
就醫

手術處在退腫中，但不甚快，上午李醫師蒼云明日抽取填在鼻竇之紗布，但下午楊人告醫師來通知至門診處抽出，當時甚痛，紗布計長似一皮帶，抽出之後應較輕鬆，但所差甚微。昨夜因紗布在平臥時壓迫腦神經，故坐靠而睡，今晚即平臥，已可忍耐。余初以為抽出後即可恢復正常，但轉見更多之分泌物，亦不可解也。因

抽紗布關係，下午改用冰敷。因腸滯，兩日來煮食青菜極多，得以通暢。德芳連日勞瘁，今日紹寧學期考試終了，晚飯來相照料。

6 月 30 日　星期二
就醫

　　在門診部洗鼻，並自今日起用噴鼻藥每日三次。鼻孔仍有血及粘液滴出。不斷作熱敷，目的在消頰部之腫，左臉仍然麻木。食量完全恢復。諸事完全自己料理，已不需家人照拂。晚，樓有鍾兄來探視，談良久始去，未覺倦意。

7月1日　星期三　晴
就醫

今日已手術後一星期，鼻仍流血，李蒼醫師云本擬星期五續為右鼻作手術，但手術室冷氣損壞，詢余意如何，余因左鼻尚未恢復，乃約定下星期一再作。連日食量已復，排泄亦暢，但甚粗，粘而無臭。一週來未剃鬚，今始為之，見下頷有白色者二根，為之悚然。夜間睡時仍有脹痛。姑丈及吳學忠、梁炳欽、楊永元諸兄來探視。童世芬夫婦及公子紳來探視，並贈食品水果。晚回寓洗澡，適七弟夫婦亦來，弟婦方由屏東母家養病北旋。

7月2日　星期四
就醫

鼻血仍未止，在門診部檢洗，遇一夏君，亦治鼻竇炎，謂手術已十餘日，仍然有血沁出，則余之至今未能止血，正無足怪也。每日繼續作熱敷三四次，但左頰仍然略腫麻木，且鼻孔手術後雖通呼吸而無味覺。因恢復如此之不易，故對於右鼻之是否續開，不禁感覺動搖也。

7月3日　星期五　有陣雨
就醫

右頰仍麻木，鼻血不止，但間有較凝固之涕狀物排出。晚回寓洗澡。

交際

　　數日來有下列未親往之應酬：（1）六月三十日副會計長 Crossley 之餐會；（2）七月一日同人公送梁炳欽、歐陽淑麗去職；（3）劉鳳文嫁女，送花籃。

7月4日　星期六　晴
就醫

　　晨到門診部洗鼻，並與李蒼醫師再談右鼻問題，余再度提出此鼻從無痛苦，手術後如似左邊之久流黃水，且久無覺，豈非將引起不便，李氏之意見，此等肉瘤原無感覺，但該瘤既已發現，且有相當之大小，有此割除機會，自亦割除為宜云，至於手術日期下週再定，余向其請假明日回寓一行。下午，胡家爵徐正渭二兄來探視。晚德芳率紹彭來探視，帶來食品與換洗衣服。今日試體重為 66 公斤，比正常減 4 公斤。

7月5日　星期日　晴
就醫

　　院方通知公教保險病人住院跨月者應再繳一張診病證明單，余即寫一明信片請國民大會秘書處壽險科填送。上午，楊人告醫師檢查病房時，余詢以何以手術後之鼻孔不能停止流血，彼謂可逐漸停止，又詢以何以左頰仍然麻木，謂因腫尚未消之故，與麻藥無關。日間回寓一行。昨日下午李德修君再度來探視。

7月6日　星期一　晴
就醫

左鼻仍流血水，但中間間隔時間似已較長，在不流時呼吸情形良好，惟仍無嗅覺耳。左頰麻木範圍亦縮小，手術後初次刷牙，此前皆為每日用棉花擦拭，但左上齒外面接近開刀口，亦未及也，李德民兄再度來探視，並面謝其夫人贈畫。

7月7日　星期二　晴
就醫

左鼻續有流血現象，但顏色漸淡，而間隔時間漸長。上午到門診部由楊人告醫師診察，認為甚好，未加洗滌。填寫請假單，自昨日起續假二週至七月十七日為止，計 80 小時，由楊醫師簽字後寄本分署劉允中主任、李慶塏副主任。問李蒼醫師本週可為右鼻手術否，答謂尚難一定。晚回寓洗澡。
師友

回寓知郭福培兄夫婦日前來訪，係由剛果調回外交部服務云。

7月8日　星期三　晴
就醫

左鼻滴血漸改為間歇性，鼻腔內凝固附著甚厚，幾乎堵塞。向住院處將七月份醫療證明單繳送，該單為向國大秘書處函索者。

瑣記

　　下午到本分署支薪並補領上次者,希望在下次支薪前右鼻手術能做過且迅速復原也。連日酷熱,入夜時時醒覺,須不斷揮扇。

7月9日　星期四　晴

就醫

　　李蒼醫師決定明日為余作右鼻割瘤手術,彼初謂下星期一,繼又改為明日,謂冷氣修好無期,只好不等候矣。左鼻流黃水大減,鼻腔附著乾痂極厚。

起居

　　旬餘以來在休養中,拂曉即起,在後院散步一小時,早餐,日間看書,並左頰熱敷四次,晚間日回寓洗澡,九時前回院乘涼就寢,雖已酷暑,然差有隱居之樂也。

7月10日　星期五

就醫

　　上午十時行第二次手術,由李蒼醫師割右鼻之瘤,先打嗎啡一針,再由耳前注麻藥,手術凡十數分鐘,見及鼻竇時,李氏云是水泡已破,手術時不痛,但仍心悸,事後尚平靜,德芳日夜照料,戴文鑫醫師亦來探看。其後余見李氏所寫病歷: "Shows no sign of any disturbance seen",則似水泡亦未見,必係在上月 24 日照 X 光以後破也,但如此亦好,藉手術可以知此右鼻根本無瘤,大可放心也。

7月11日　星期六
就醫

右腮腫甚，昨今兩天用冰敷以止血，右鼻之嗅覺未失，蓋其本甚健康也。溫度略高，下午為 37.6°C，自今日起每天注射 Vitamin C 一次，又服 Achromycin 每天四次，痛疼時服用止痛藥，但儘量減少，日以二、三次為度。飲食因口唇不便，儘量用流質。德芳日夜在院照料。

7月12日　星期日
就醫

手術後之右鼻漸漸沁血，但不多，左鼻則幾乎已淨。開始熱敷，幾終日不停。飲食正常，惟僅量採流質。德芳在院日夜照料，日間又因紹因投考高中，且為余治飲食，而回寓奔波。原都民小姐陪其封翁來院探視，並贈食品。樓有鍾兄再度來探視。（以上三天7/16補）

7月13日　星期一
就醫

今日已漸漸消腫，德芳只日間來陪，今日為烹雞湯，麵食，惜因可口多食，食後胃酸太多。止痛藥本每日限二次，今日多服一次，因痛疼較甚也。溫度漸正常，下午高時為 37.3°C。左鼻完全因分泌物較少而在鼻腔口漸漸乾結，不復時時須擦拭矣。第二次手術後，行動較為提前，只有兩天未到後院散步，茲已恢復半月

來之習慣矣。

7 月 14 日　星期二
就醫

　　連日每六小時服 Achromycin 一片，但昨夜忽服完，至今午始恢復，楊醫師云，再服一天即可停止，不知依病情應如此，亦係鑒於余之胃納因此藥而影響太甚。痛較劇，終日作熱敷。體溫下午稍高，37.3° C。德芳為余備菜，由紹因、紹彭一同送來，紹因考試高中昨日方畢，今日來相見。晚德芳來照料擦身等事。童紳再來探望。

7 月 15 日　星期三
就醫

　　左鼻之分泌液所結成痂，余以溫水潤落之，鼻內分泌物已極少。右鼻紗布今晨抽出並灌洗，所出皆鮮血，抽後仍有血水漸漸沁出，但不若以前左鼻之甚。上午尚有痛楚，下午即迅速輕鬆。德芳來探視，謂比昨日大不相同。服藥停止，僅每日一次注射 Vitamin C。體溫正常。

7 月 16 日　星期四
就醫

　　上午由楊醫師為灌洗右鼻，甚痛，排出血水頗多，當時甚感不舒，但下午即迅覺輕鬆，而分泌物頓為減少，可隔二、三小時完全無之，是證此鼻竇內之一切實

完全正常也。體溫正常。飲食胃口亦漸漸恢復，逐漸試行加多，已無不能容納之感。佟志伸兄來探望。

7月17日　星期五　陣雨

就醫

除右頰及上唇麻木外，似已無病象。體溫正常。左鼻本已乾淨，今日又偶有甚淺黃之粘液排出，每次亦只一滴。食量恢復甚速，胃納亦佳。晚飯紹中送菜來，飯後同回寓洗浴，此為右面手術後之第一次。李德民君再次來探望。體重 141 磅。

交際

楊天毅兄今母喪，德芳託逄化文兄轉送禮。

7月18日　星期六　晴

就醫

李蒼、楊人告二大夫來看病房，云日內可以出院。現在每日只三事：(1) 量體溫二次，(2) 注射維他命 C 一次，(3) 作熱敷七、八次，每次 30-40 分鐘。

瑣記

住院近月，同房病人杜君上週六出院，鄧君今日出院，頗有寂寥之感。院內晨昏散步最佳，惟飲水最差。日昨聞上級校閱此醫院，床單均換新，但未見入內視察，至晚撤去，似衣錦夜行。醫院因給水不暢，廁浴均不能正常使用，乃大缺點。

7 月 19 日　星期日　晴
就醫

今日停止注射 Vitamin C，至此藥與針俱皆告一段落，惟右頰日作熱敷八次耳。左耳前近手術時打麻藥針處，兩日來有痛覺，進食與手撫時為明顯，至晚已止。右眼眼屎甚多。兩頰與唇仍麻木，右更甚。夜睡正常，但常有惡夢。今日全日在寓休息，聽收音機與唱片，飲檸檬水，德芳並特備清淡飲食，甚覺淡適安閒，至九時睡前方回醫院。

7 月 20 日　星期一　晴陣雨
就醫

下午，楊人告醫師為余洗右鼻，謂一切清楚，不需再洗矣。終日作熱敷，今日增至十次，每次 30-45 分鐘。溫度飲食並皆正常。晨起在後草坪散步並略作柔軟操，晚於日落後再往乘涼，空地之大無慮百畝，心胸為之開闊。續請病假一週，由楊醫師簽字證明，上午以限時信寄劉允中主任。

7 月 21 日　星期二　雷雨
就醫

上午查病房時，李、楊二醫師均認余可於今日出院，乃於下午由護士處開出通知向住院處結算伙食費，按半數負擔適為一個月 300 元，時德芳來接，即一同乘公共汽車回寓，時下午五時，適大雨之後，極為涼爽宜人。右頰仍較左面為腫，終日作熱敷，今日右眼略

痛，醫師看後認為無關，但入夜較甚，且仍有不斷的惡夢侵襲。

7月22日　星期三　晴陣雨
師友

上午，逢化文兄來探視，並談上星期楊天毅兄母喪代為送禮及轉達不能前往之歉意情形。下午，廖毅宏夫人來探視，此次在余住院期間因德芳在院陪余兩次各三天，廖夫人曾以其女工倪嫂來余寓幫忙一切，並照料子女過夜，其盛情可感也。

7月23日　星期四　晴
師友

上午，蔡子韶太太來探視，並贈水果。下午，劉允中主任再度來探視，並談辦公室情形，一個月來全部工作為 798.1 對華盛頓報告之編擬，直至今日始將稿本編竣，下星期須趕閱趕打趕寄云，又談如休息不夠，余下週仍不妨續假云。
體質

終日作熱敷，兩頰已漸漸不現偏腫，但均尚有二處硬塊。晚，德芳同余到植物園散步，極涼爽，往返步行，回寓即覺疲倦。

7月24日　星期五　晴
師友

黃鼎丞兄來探視，謂本稽核組趕辦之 798.1 報告已

於昨日趕出，下週可能無重要工作，故余可以繼續請假，但余因經辦事項有在病前即須了結者，有趨往處理以期告一段落之必要云。王慕曾兄來訪，約一同贈禮吳挹豐先生赴美探視，具體辦法待再商量，余極贊成其事。

7 月 25 日　星期六　晴

體質

終日作熱敷，現試最麻木處為上唇，故熱敷亦較重此處。右眼仍有痛感，但不能知其正確部位。左鼻在夜間起床時偶有粘液滴出，早起則喉部黃痰較多。

師友

比鄰之林石濤君來探視，並談其所營墨水生意之經緯甚詳。

家事

紹因投考高中已發榜，為第一志願北一女中，如此其四姊妹皆為此同一學校出身矣。

7 月 26 日　星期日　晴

閱讀

一月來因養病與終日作熱敷，同時利用時間看書，計讀過西文者為 Heckert: *Controllership*，*Reader's Digest* 五、六、七，三個月及中文者朱鏡宙五乘佛法與中國文化，及梁漱冥中國文化要義，最後一種為只讀三分之一，其行文極蘊藉而詳細，且引用文字皆有出處，可見其非等閒之作。

7月27日 星期一 陣雨

體質

本擬今日起銷假上班，但晨間大雨傾盆，而上星期劉允中主任又謂無甚急事可辦，不必急於銷假，故再延一天，終日作熱敷，前數日為右頰，現因兩頰情形相似，而上唇麻木不消，故就此三處輪流為之，鼻腔則只左鼻尚在半夜有分泌物，喉頭則晨起有黃痰，似為一事。

7月28日 星期二 晴

職務

今日開始病假後第一次上班，先向本組各同人道謝病中關注之忱，再向組長 T. K. Martindale 道謝其准假達二百小時之盛意。今日並無重要工作，只將病前尚未辦結之案件重新拾起，大都為等待被查單位之資料者，將分別催索速送。

師友

上午到經合會向徐正渭、胡家爵、陸慧禪與樓有鍾諸兄道謝其到醫院探視之情；又以電話致原都民小姐，道謝其對余此次住院療疾之種種幫忙，並請轉向其夫君李君與其父母致意。

體質

上唇仍麻，今日起只早晚熱敷。左鼻連日於夜間右側臥時分泌粘液作淡黃色，本只偶然，現似漸有規律性。

7月29日　星期三　晴陣雨
職務

檢查已發出查帳報告而須作 Follow-up 者有二：（1）政治大學溢付房租 15,000 元，辦函美援會速採行動；（2）生產力中心財產紀錄不全，已電話通知速補送。

體質

下午到聯合門診中心由李蒼醫師檢查開刀後之鼻部情形，認為情形良好，暫時滴出分泌物，絕無關係，又熱敷可以停止，經另配藥六天量，似為長效消炎片，今日並附帶致送此次開刀特別報酬一千元，李醫師遜謝後始收。

7月30日　星期四　晴陣雨
職務

在余本次病假前所查師範大學 Texas University Team Support Fund 帳，因等候該校之 Performance 資料，報告未能完成，現在因當時只查至四月底，有續查必要，經決定至六月底，今日上午前往，該校主辦人認為七月份付款已畢，明日無何支出，故決定查至七月底，今日已將傳票看過，無何特殊問題，因最後傳票單據未有取回，故須明日再看，同時七月份尚未結帳製表，該校準備今日下午趕辦，以待明日上午即可交卷，同時因暑假，該校下午不辦公，故下午未往云。

7月31日　星期五　晴陣雨

職務

　　上午續到師範大學查 Texas Team Support Fund 帳，
其帳已截至七月底，只銀行對帳單尚不能取得，其他均
已齊備，七月底之月報表亦製好交余備查，另由林伯元
君來洽告關於顧問之請假資料等，均已就緒，只待該校
關於對該顧問等之工作評價報告矣。在師大無意中發現
本年四月間其預算又作修正，但本分署卷內無之，其內
容為移一部分經費發本國職員新年獎金一個月，余在查
帳時（前次）曾逐月核其薪俸細數，但未料其多發一
月，此蓋明察秋毫而不見輿薪者歟？查帳之難難在疏密
適當，雖內容甚簡之經費帳，亦不能大意也。

8月1日　星期六　晴
遊覽

本分署舉辦週末旅行，今日為游淡水海濱，余與德芳率紹彭前往，余因病方愈，不能下水，德芳亦不願下水，紹彭亦因之一同枯坐半天，計出發時為下午二時，迨黃昏回台北，已七時半矣，此淡水海濱多年未開放，憶三十八年初來台灣時曾數次率紹南前往，其時紹南年幼，亦如今日之紹彭，所謂 teenager 者，今忽忽十五年矣，歲月催人，余亦垂垂老矣。

家事

紹彭學年成績單已領到，成績及格，且在中等以上，下學期將升初中二年級，不至如上學期之受停止借讀處分也。

8月2日　星期日　晴
閱讀

讀完梁漱溟著「中國文化要義」，此書為目前所知梁氏最後之著述，成於三十八年大陸政權移轉之激變時代，其一貫之理論在認定中國文化之性質為特重理性，此為西洋文明直至近年始有之趨向，而我國則自秦漢而後封建解體之二千年一直在發展之中，從而與西方之理智支配下之政治文化大異其趣，梁氏書中對於當時硬指中國社會為資本主義或亞細亞生產方法者等刻板之學者極不同意，全書思想綿密，行文蘊藉，讀時全無枯燥乏味之感，真力作也。

8月3日　星期一　晴陣雨

職務

　　本月份余之 assignment 為政治大學內之 University of Michigan 顧問團之契約查帳，此案雖在去年曾經查過二個年度，然因為時已久，且合約在去年底有所修改，故仍須充分之準備工作，今日全天即為閱覽並蒐集有關之文卷與資料等，尚未完成。

交際

　　余此次住空軍總醫院割治鼻疾，初無病房，後得原都民小姐轉由該院內科主任戴文鑫氏設法，住入較好之第四病房，昨日同德芳到市上買咖啡、可可、餅乾、糖果等送往表示答謝，因其寓所無人，乃於今日下午再度送往，戴氏未歸，由其夫人接受。

8月4日　星期二　晴

職務

　　續查政治大學密西根顧問團之經費預算，其中有最先由本分署核定者，亦有美援會按其總額內重新支配留用之預算已先核定，而報本分署備查者，後者自然有效，故將其內容詳加研討，並加摘錄焉。上半年所作 Asia Cement Corp. 查帳報告由新來之 McKeel 核閱中，今日將其所見各點就詢於余，其所據者為 Manual Order，彼所注意者為其中未提到之事項，余告以係因建廠甚早，查帳時早期資料已成明日黃花，故從略焉。

8 月 5 日　星期三　晴
職務

昨日 McKeel 囑將亞洲水泥查帳報告之 Scope 一項加以補充，乃於今晨加寫一段，表明此項報告之重點在將當前狀況加以審核，但為求查帳報告之賅括性，雖建廠期間已相距甚久，仍儘可能對當時情況之記錄與文卷加以了解，認為一切正常，只有招標與通知 Office of Small Business 程序無由追查云，寫好交彼酌用，彼於今日又繼續發生新問題，計有：（1）原用簡式資產負債表，主仍用詳式，並先將應調整之帳項予以調整，不必仍用該公司所公佈之表；（2）在日本買新磨與向開發公司借 IDA loan 之二筆未於事先報准華盛頓，幾經交涉始行追認一節，彼甚重視，為滿足其要求，經向亞洲及開發公司查詢該二款現狀，予以開送。

8 月 6 日　星期四　晴
職務

今日仍為幫助 McKeel 為其提供資料，以使其對於已經寫好之亞洲水泥查帳報告內容，得以易於了解，計今日製表二件，一為該公司歷年分配盈餘情形，按年滾轉，分欄比較，以窺全豹，二為該公司歷年增資經過表解，使其得以與前者比較，知分配若干與召回若干，得以互相印證其如何影響資力及如何抵觸 DLF 借款合約，此二者在卷內皆有資料，但須自尋，彼乃避重而就輕焉。

8月7日　星期五　晴陣雨
職務

今日仍為協助 McKeel 整理有關亞洲水泥公司查帳報告之資料，本日工作為依照彼意，將報告後所附之資產負債表改為整理帳目後之數目，蓋亞洲水泥公司所送之表其中有應付利息三百萬未算，致虛列盈餘，雖在報告文字內指出，彼意仍以連表改列為宜，另有其投資證券成本少列一萬八千餘元，余因其為少數，不影響全般之比率，故予以忽略，彼亦主張調整入內，余亦甚同意其見地，因本分署會計處財務分析組曾將此二點意見送之投資業務組，該組曾以專案作為對該公司決算書之意見送之華盛頓總署，現在查帳報告自應採取一致之立場，以免分歧也；此表作成後，連同數日來各項資料之檢討，McKeel 似對亞洲水泥之財務狀況及查帳報告所採重點，大致有所了解矣。

8月8日　星期六　雨
師友

下午，同德芳到漢中街十號訪郭福培夫婦，郭兄於上月初曾來訪，其時余方住醫院，未能相晤，今日談其由剛果調回外交部非洲司服務經過，其五子女則一在剛果讀大學，二在美做事，二在美讀中學云。又到中山北路訪原都民夫婦不遇，留片致意。
娛樂

下午，同德芳率紹彭到中山堂看電影「牧場英豪」（Guns of Wyoming），Robert Taylor 主演，平平。

8 月 9 日　星期日　晴陣雨

家事

下午，同德芳到中和鄉姑丈家訪問，此為余出院後之初次，蓋欲表示謝意也。新都市平均地權條例公佈後，刻正申報地價，明日截止，余家之羅斯福路現住址用地 22 坪，及潭墘 181 坪，於昨日分別按公告地價百分之八十申報，前者係填送古亭區公所取回收據，後者係據台北縣府所寄空白填好郵送。

體質

左鼻一週來又有黃色分泌物，如手術前情形相似，至於原來漸漸滴出之液體則漸漸無色，但並未停止，上唇麻木感依然未消，鼻兩側之腫脹處亦仍然有隆起之處，並略有麻木。

8 月 10 日　星期一　晴陣雨

職務

今日開始查核 University of Michigan Team 與政治大學公共行政與企業管理中心一項合約內台幣費用之查帳事項，上午到該中心會計部分，對於其經費會計記載為一般性之了解，已知 Fy1964 經費支用已於六月底清付，七月間只收回零用金一筆，八月份將向政大本身經費內收回電費內之防衛捐與國防特捐等成分，然後製成 Final Report，至 Fy1965 年之經費則另行換帳記載，七月份月報表在編製之中，今日先依其六月份報表核閱 1964 經費。下午訪該中心主任張彝鼎，請準備 Evaluation 資料，加入此項查帳報告，彼允下周赴日一

週後歸來即辦。

8月11日　星期二　晴
職務

　　續到政大公共行政與企業管理中心查帳，今日全部時間用於查核其職員待遇之支付，原擬製一大表，將其每一職員之每月數均予以列登，然後縱橫相加，即為其全年度薪給之總數，嗣以其帳內記載甚為清晰，凡有特別情形之處，亦均附有詳細說明，乃從簡化，僅將每人之職稱、薪給、何時升級、如有離職其年月為何，逐一記入一表，藉以核對其各人之待遇是否合於薪給標準，升遷限制，以及人數與總支出與預算間是否相應，至於每人之細數則不予按月計算矣。

8月12日　星期三　晴
職務

　　上午，為 McKeel 重新將亞洲水泥查帳報告所附之資產負債表項目作進一步之調整，其一為原只在報告內申述之流動資產項下預付訂購機器款轉作其他資產，其二為將原列於 Retained Earnings 項下之 Premium on Capital Stock 改列於資本項下，並加為一項總數，大於其原列資本總額。上午又因劉允中主任核閱四月間所作之 POL Supplies 查帳報告發生若干疑問，為其逐一解釋，至午僅及其半。
體質

　　下午請病假，到聯合門診就診鼻疾於李蒼醫師，據

云黃鼻涕又流，或因其開刀後自然反應，或因感冒而起，不至成為問題，當開藥片六天及噴藥一瓶。

8 月 13 日　星期四　晴陣雨

職務

上午，與劉允中主任檢討前次余所作之 POL Supplies 查帳報告，彼有若干內容不明之處，囑余加以解釋，然後依意思所指，對文字加以修改，實際上改後未必定有較優之結果，但因劉君較對常用文字熟練，故遇不合己意之表示法必改用其習用之表示法，辦竣後交余再加複閱，並將 Fund Status 改用較近者。下午，約生產力中心人員來，將其所送器材目錄取回，並告知若干錯誤脫略之處，令修改再送。

瑣記

台南建業中學寄來董事車馬費 75 元，匯票指定台北郵局，下午往取，但在插入小褲袋時，誤置袋外之夾層，以致漏失，擾攘一小時，完全白費。

8 月 14 日　星期五　晴

職務

續到政治大學查 Michigan Team 之 Local Currency Support Fund account，今日查閱之部分為房租與臨時住宿費用，經將其全年之費用分析成為房租與臨時住宿二部分，房租部分又按房屋為單位統計其每月所付租金與破月時其是否啣接，經按日期分析，發覺有租金與臨時住宿費用重疊至二十餘日者，又有遷移房屋，亦相重複

二十餘日者，據云係修理房屋，不得不爾，雖近情理，
究欠樽節也。POL Supplies 查帳報告今晨再與劉允中主
任斟酌修改文字，重新交打清稿。

師友

　　朱興良兄由台中來信，謂聞余住院就醫，特匯五千
元備用，並聲明非還余以前所寄之款，另寄肉鬆魚鬆三
瓶，余回信云，此次住院，由公保負擔，且屬微恙，無
論精神肉體均無甚大痛苦，食品照收，款則暫時保管，
有便奉上云。報載省府任周天固兄為新聞處處長，余與
德芳至其寓所道賀，僅遇其夫人。

8月15日　星期六　晴

娛樂

　　下午同德芳到兒童戲院看電影，片為「維也納之
鶯」（Born to Sing），取材於維也納兒童合唱團之教育
情形，寫若干兒童之成就，其人情味之厚，與同樣之
德國片相似，但此為 Walt Disney 之出品，對白全用英
文，是其異點也。

8月16日　星期日　晴

體質

　　數日來鼻疾情形無何變化，左鼻仍排出黃色鼻涕，
有時則滴出較為無色者，仍行點藥並服用黃色藥片，前
者每日三次，後者每日二次。

娛樂

　　上午，同德芳到空軍新生社看小大鵬演星期早會，

由嚴蘭靜演女起解與玉堂春，唱工極好，但有時學張君
秋花腔，其實未免弄巧成拙。下午同德芳到國都戲院看
電影「京華春夢」，與數月前所看之「故都春夢」皆是
脫胎於小說啼笑姻緣者，此片較長，結尾較曲折，且有
彩色，然不若故都春夢之緊湊也。

8月17日　星期一　晴

職務

　　上午，將 McKeel 去港前所改寫之 Asia Cement 查
帳報告複閱一遍，註明有問題之處，送劉允中主任一
閱，據打清草稿之毛女士云，McKeel 臨行前曾謂將此稿
打好後即交余一閱，然後置其本人案內，一面告 Branch
Chief Martindale 設有時間即按程序予以處理云。下午
續到政治大學密西根顧問團查台幣經費帳，今日已將水
電、教育補助等項支出查完，無何問題，只有電費內含
有防衛捐不得在美援經費內支出，經會計人員核清，正
向學校由本身經費內請款撥還云。

師友

　　晚，李德修原都民夫婦來訪，因余與德芳週前曾
訪二君未遇，特來答訪，並探望余之鼻疾開刀後復原
情形。

8月18日　星期二　晴陣雨

職務

　　上、下午均到政治大學密西根顧問組查帳，今日查
顧問來華與返國之旅費等，筆數雖不多，然有甚多值得

推敲之處，例如眷屬旅費，以其隨在任所居留在其夫居
留期間一半以上者為限，即須考核其眷屬之到返時期，
又如飛機票須買 Economy class 但可以補償二十二磅過
重行李，惟如二者相加超出頭等票價時，又只可買頭
等，此二者如相比較，須有充足之資料也。

8月19日　星期三　晴陣雨

職務

　　上午在金華街政治大學密西根大學顧問團查核
1964 年台幣經費帳，今日所查者為該顧問組之經費內
的增置家具部分，與辦公費及顧問車輛修理保養費用等
項，由表面觀察，無何疑問，手續亦皆完整無缺，但仔
細推敲，則購物不滿八千元者不必比價，此中經手之人
確須盡自制之能事，而三部車輛三個司機，競為其車之
修理保養與大修而開支經費，其內情亦屬不問可知，但
均不足以作為提出任何意見之根據也。

8月20日　星期四　雨

職務

　　上午到金華街政治大學行政與企業管理中心查核
該校密西根大學顧問組之台幣經費帳，今日所查為本
地旅費及其他經費二科目，前者雖大體依規定辦理，
但所計一天四個 quarters，常有伸縮，因截長補短，所
差不多，故未加一一核算，又其中有 Chief of Party Dr.
Mauck 赴東京旅費按每天美金十六元計算，但查美國
政府規定旅費標準，現在已為十八元，因未有必須用足

之一致規定，故亦不主張由會計補支，後者則用款雖屬
不多，但內容甚雜，其中有若干為汽車牌照之支出，屬
於規費性質，不應由相對基金支出，將通知其收回云，
至此 Fy1964 年經費帳已全部查完。

8 月 21 日　星期五　晴

職務

　　上午，到政治大學查密西根大學顧問組台幣經費
帳，今日所查為本年度即 1965 年度，只有七月份一個
月之支出，且多為零星費用，故半天即竟其事；下午接
查其財產記錄，該項紀錄已三次更易主管人，現在主辦
之劉君只依前任之移交清單為主，不接記原有之帳，遇
有增加物品則在下端增記，亦無日期，且原有金額欄亦
多省略加記，可謂盡因陋就簡之能事，今日只就其處理
方式得所了解，至於內容之核對則尚不及開始辦理也。

參觀

　　下午到博物館參觀銀行與證券展覽會，證券資料較
為詳細，附帶展出古今中外錢幣，最具特色，惜為時間
所限，不能細看耳。

8 月 22 日　星期六　晴

師友

　　上午，陳長興兄來訪，因其在文化學院所任會計主
任與董事長張其昀意見不合，云已辭職，現仍回新竹居
住云，午飯後辭去。下午同德芳到大崎腳訪原振家夫
婦，答謝其曾至空軍總醫院探視余之鼻疾，並贈水果。

下午同德芳到新店訪崔唯吾先生及其師母，因久未往
晤，故互道近況甚詳，並悉其所任新竹中德醫院董事長
將移交張曉古兄，張兄則接任院長，新董事會尚未成
立，聞有意延聘余備位其中擔任財務，余因該院人事複
雜，殊無興趣。

8月23日　星期日　晴

體質

鼻疾連日似又有變遷，左鼻原在夜間起床時滴水，
現在已數日無此現象，上午則鼻涕甚多，黃白相間，有
時必須由喉內咯出，下午則略為輕減，上唇與上牙麻木
程度較減，飲食正常，現仍每日滴鼻藥二、三次，其有
無效力，亦甚難言也。

師友

上午到板橋訪童世芬夫婦，德芳同往，面贈曾於昨
晚到市上買女衣料二段，緣其子童縉本月二十九日將在
美與戴女士訂婚，持以相贈也，童氏夫婦似甚熱心於股
票交易，此為目前蜂擁之業務，利益似甚易得，但不易
保持分際，適可而止，余曾勸童君應以投資為主，少作
投機，彼亦云然。李洪嶽律師函余與吳崇泉兄，26日
到其寓所商談景美土地處理事，余立將函轉吳兄，請其
一人先往，備留餘地也。

8月24日　星期一　晴

職務

上午，本組主任 Martindale 在核閱月初 McKeel 所

重寫之余之亞洲水泥公司查帳報告，彼對於該公司前數年分紅未先得 AID/W 同意一點極為重視，因未寫入報告內，彼認為不妥，其實該案 AID/W 已經認為解決，且事過境遷，不必累重，余在最初本已寫入，經劉允中主任認為太多，余同意刪去，今又認為不足，是真二姑之間難為婦矣。下午續到政大查 Michigan Team 用費帳，係查其財產紀錄，帳目中斷，囑即接記。

8 月 25 日　星期二　晴陣雨

職務

續到政治大學查核 Michigan Team 台幣經費帳，上午核對由美買進器材，經美國密西根大學將發票副本寄至本分署者，該器材本為美籍顧問教授 DeVol 主管，因上課未返，經其秘書黃小姐核對，認為均已到達使用，下午查核由美經該校代買圖書，因發票太多，勢難一一核對，故由其處理程序著手分析，藉悉有無漏洞，先與楊秘書談，彼本非主管，因主管之張小姐並不在辦公室，乃由彼代為解釋一切，余見其一切程序均甚嚴密，故不再深問，然後再向圖書館之鍾君查詢顧問到書移至圖書館手續，所答亦甚清楚，不致有何漏洞也。

8 月 26 日　星期三　晴

體質

鼻疾數日來仍點用李蒼醫師所配之藥，因將用罄，而情況見好無幾，上午黃涕分泌仍不甚少，下午則只見清涕，呼吸情形亦甚良好，下午乃到聯合門診中心再作

診察，據云黃涕分泌情形見好，而分泌物有漸漸見清之象，但不必著急，患者有延至半年始行全好者，詢以是否仍須點藥，答云不須，只配服用藥 allercur 每日三片，此藥為鼻疾染患以來服用最多之藥，雖不信其有大效力，亦只好試為之耳。

8月27日　星期四　晴陣雨

師友

　　星期日李洪嶽律師約余與吳崇泉兄到其寓所商談景美土地出售事，余即轉函請崇泉兄一人先往，今日以電話詢吳兄，謂昨日已往李寓商談，事實上並無買主，只有一端十坪為人占去，刻議作價，於是在商量之中，尚未定局，現在又擬申請分割，但尚未著手，又關於土地使用事，原主陳忠義本司納稅事，其實有人耕種，現在已由使用人對李律師立使用借據，並負擔納稅，至於今年申報地價，聞為每坪 150 元，將來亦由使用人辦理完納云。

職務

　　竟日整理政大半月來查帳資料，並細閱該項修正合約，發現一二細節為查帳所未及料，將來尚須進一步將該項經費作一二深入之查核焉。

8月28日　星期五　晴

職務

　　開始寫作 Michigan Team 查帳報告，寫至 Background 段內須指出合約經費增加與有效期間延長一年，未加思

索，即指為去年十二月底第一次修正案內之事，於是進
一步向會計部分核對增加經費之 PIO/T 簽撥情形，發現
於第一次修正案所列 1963 PIO/T 外尚有 1964 PIO/T，
知此項修正案後之第二次亦已生效，惜本處卷內無之，
殊覺難解，乃到總務部分調卷，始知果然，披閱後見
金額又加，而延期一年，固亦在此，非關前次，險又
致誤。

8 月 29 日　星期六　晴陣雨

參觀

上午，同德芳到國立歷史博物館參觀八月國畫展，
其中有胡克敏之山水與花卉，以花卉之水墨用筆為最
精，設色者以葫蘆一幅為最有意趣。又有傅狷夫之山水
與小品，氣派獨擅，且書法如龍蛇，題畫生色，無出其
右；又有季康士女，分工筆寫意二種，前者設色，後者
水墨，各有特色；又有馬紹文竹石等，蒼勁有味；陳丹
誠花卉，完全齊白石一路，稍嫌粗獷，然其素描八歲女
小象，則栩栩如生；此外為林玉山、王展如、鄭月波
等，亦各各不弱也。

交際

童世荃兄之長子緝在美與戴若蘭女士締婚，童君今
晚在此假婦女之家宴客慶祝，余與德芳應邀前往，席肴
甚豐，頗極一時之盛。

8月30日　星期日　晴

師友

上午，李德民君來訪，談其在造船公司任職奉調到煤業開發公司未能實現，其間若干人事調度之插曲，極盡不可想像之致。上午，蔡子韶太太來訪德芳，並詢問余之鼻疾復原情形。

娛樂

下午，同紹中到新生社看電影，為大仲馬「俠隱記」（Three Musketeers），乃一英語配音之歐洲片，其中鬥劍場面最多，演來逼真，而政治上之縱橫捭闔，亦復構成引人注意之情節，全片計演三小時。

8月31日　星期一　晴陣雨

職務

續寫 Michigan University Team 之查帳報告，本文已經寫成，並開始作其後之 Attachment，第一件為各個顧問之到台離台與請假記錄，因此次為第二次查帳，原則上須接續前次，其請假記錄應只記本次所查期間之數字乎，抑將前次者亦加以累計乎？經與查核此類 contract 最多之葉君討論，認為為便於華盛頓引用資料起見，以採累計為宜，然則有顧問在此次查帳所查期間開始日前即已回國者，是否仍然列入？如仍列入，殊為一項重複，如不列入，豈非一張表報含有二項基礎？經討論結果，認為不予列入，蓋從前有 contract 延長至十餘年者，如一一列入，其重複之情形必大可觀也，為便於閱報表者起見，對上面二項事實在備註欄加以註明，然余

終覺基礎不同之為病也。

集會

　　參加趙雪峰組長所召集之小組會議，余到時已散會，遇同組之喬修梁兄，渠云即可與鄭君相遇，乃以黨證等件託其轉交，蓋須填交開會次數與黨費繳納記錄也。

瑣記

　　接國大黨部通知，填個人資料表，只學歷、經歷、受訓等數項數十字，當即填送，此前曾接來空白表冊一束，雖十天不能完篇，無人可以照辦，詢之類皆束之高閣矣。

9月1日　星期二　晴

職務

　　寫完 University of Michigan 之查帳報告，但尚不能
繳卷，其原因為內中政治大學應退回所付稅款，尚未收
帳，余所採實支數為假定其已經退回後之餘額，該校非
俟將款收回改製結束報告表後，不能在帳上表示此項餘
額，故須等待其餘額之更正，又此次報告內應包括上次
報告內 recommendation 之 follow-up，而該校對於其中
要求繳還 15,000 一案尚未有進展，此段 findings 無由落
墨，今日其辦理會計之俞仰光君電話云即到學校催辦，
尚不知結果如何。

9月2日　星期三　晴

職務

　　本月份 assignment 為對於大華實業廠所借之 Cooley
Loan 之查核，所謂 Cooley Loan 乃係就 PL480 Title I 農
產品所孳生之台幣得以用於當地美僑之貸款，及用於他
國人民之貸款，後者以能增加美國農產品之銷場之業務
為限，現在大華所借乃以後者之理由為之，其業務為
榨製豆油，此項貸款初由 Export and Import Bank of
Washington 辦理，其後移歸 AID，其資金則由美國大
使館撥存於台灣銀行，並由該行代理之，余對此項查帳
為第一次，本處亦僅為第二次，故初步工作為查閱有關
文卷。

9月3日　星期四　晴
交際

　　下午六時與德芳在中國之友社宴客，所請客人為郭福培夫婦，因其由剛果回台灣不久也，李德修與原都民夫婦，因其在余此次住院療病期間關切協助備至也，李德民孫聖嘉夫婦，為其在余住院期間一再來探視，且贈所作國畫也，童紳君，因其甫由台大今夏畢業也，楊秀卿女士，為其不久將赴美也，除李德民夫婦因郵誤（後接李君來信，余信曾誤寄彰化）未到外，其餘全到，飯後並與德芳同楊女士到布店買衣料相送，並託其另帶一件到美交紹南。

9月4日　星期五　晴
職務

　　續閱大華實業公司借用 Cooley Loan 卷，該案經過 1959 當時主管之 Export and Import Bank 核准後，一再遷延，經大華催促，始於去年簽約付款，一付即清，今年且依約還款兩次，每次十二分之一，至於用途等項則只有預定之聲明，尚未見有具體使用之資料焉，今為求 working paper 之完備，經將其前後經過文字，均從詳予以摘錄。政大會計人員俞、汪二君來洽去年查帳剔除一萬五千元事，余允其速將有關修理單據檢齊，補予核銷，則學校實際繳還不過三、五千元而已，據云學校窮極，如何籌措尚不知也。

9月5日　星期六　晴

體質

　　鼻疾十餘日來仍在微妙變化中，左鼻排泄物雖仍不斷，但情形略異，其顏色漸淡，大部分為正常之鼻涕，僅晨起後清除一夜所積，有少量之黃粘液，可見其中仍略有發炎情形，又喉頭排出時亦多，此非昔時所同，不知係何表徵，至於右鼻本無何情狀，連日亦排出鼻涕，全為無色物，與正常狀態無異，左鼻則在排出鼻粘液後，鼻腔結痂，此為開刀前之現象，但現在則較為單薄，又呼吸時間有鼻涕之氣息，右鼻嗅覺本正常，左鼻則亦較前略略恢復。

9月6日　星期日　晴

師友

　　晚，同德芳到永康街七巷十九號訪王慕堂夫婦，僅其夫人在寓，談時間甚長，其夫人縷述王兄在台生活極不合理，且因有外遇而精神不寧，家庭亦甚久不和，余與德芳勸其勿向頹喪處著想，蓋王兄縱有此等事，亦只逢場作戲，決不致一意孤行也云。

瑣記

　　兩日來無辦公必要，而德芳則手指受傷，不能見水，乃協助其照料炊事，到市場買菜，並曝曬食糧，劈削燒水用木柴等，事雖無多，而費時不少，諸兒女則乘假期助德芳烤製點心，全家均在忙碌中。

9月7日 星期一 晴

瑣記

今日為美國勞動節，休假一天，余終日助德芳料理家事，主要為到市場買菜，自上月下旬買到中興出品冰箱後，冷藏較前用土製冰塊者便利多多，有時得一天買兩天之菜，余今日試買三天者，尚不知能否如願以償也。

體質

左鼻續用美製噴藥，並無顯著效果，目前現象為排泄物仍有黃色者，尤以上午為甚，多處情形已成白色，有時由喉頭排出者反比鼻腔排出者為多，偶然且有甚多之白色鼻涕猛然進入喉頭，味極鹹，須立即排出始覺輕鬆，晚間又排出乾軟之鼻痂一塊，色似已不甚黃。

9月8日 星期二 晴

職務

續看有關大華實業廠之各項文卷，並計劃開始查帳事宜，蓋在本月支配工作之時，本分署之 Capital Investment 部分主管貸款之彭君有意一同前往調查，但今日悉彭君請假一星期，自不宜等候，乃與該廠經理王作昌君通電話，詢何時可以前往，渠云即午赴高雄，二、三日返北，余謂不妨先由其會計人員洽辦，以便早作準備，渠云會計人員已赴花蓮，但即回此，當留言俟歸即來接洽云。電話催詢中國生產力中心速送有關進口器材查帳案內之報表，云本星期可送來云。

9月9日　星期三　晴
體質

下午到聯合門診中心由李蒼醫師檢查鼻疾，渠認為黃色排泄物日減，不久可以全無，現在已不必再行服藥與點藥，一月後再看一次，當更有進步也。又看眼科醫師洪伯廷，告以晨起有不能看視之象，經配藥點眼，又因花眼程度日深，請其再度驗光，經一再試驗，決定處方為右眼二百度，左眼 225 度，洪君本謂為慎重計，可過數日後再驗一次，余因須又待至下星期三，故決定請其處方矣。又到牙科由陳立元醫師，為余將三個前用藥待補之牙齒加以鑲補，約一刻鐘而成，此右下方臼齒為在假牙之側，今日假牙先不能戴，俟明日再試是否適合。

師友

靳綿曾兄託為其子物色補習教師，余以電話託師大張中寧兄代為物色，張兄允在其助教中選聘。張兄夫婦晚間曾來談天，但未提及此事。又昨晚王慕堂夫人來訪。

9月10日　星期四　晴陣雨
職務

下午開始 Cooley Loan 借款人大華實業廠之查帳工作，先與其經理王作昌與會計陳宏二人概談公司一般財務情形，當交來去年底決算表與今年八月底試算表，余即告以查帳重點在了解此項借款之用途與財務狀況，以便知其償還能力云。

9 月 11 日　星期五　晴
職務

上午到大華實業廠開始查核其帳務，先向會計陳君詢問其會計結構，並告以查帳重點在檢視其使用 Cooley Loan 之憑證，並分析其財務狀況，陳君即首言關於該貸款用於建築及機器部分，擬只以發包合約為憑證，付款則帳上與事實有距離，余乃停止審核，囑其先將決算表與試算表抄出，備下午再來審核，但下午陳君又來電話，藉詞管帳人員不在，要求延至下星期一再核，余亦只好允之。

9 月 12 日　星期六　晴
師友

上午，張中寧兄來，告以為靳綿曾君所請家庭教師已經談妥，每次二小時三百元，二次五百元，三次七百元，謂因距離太遠之故，但余因昨日張兄辦公室米君曾接余電話，為按二百、四百、六百為計算，已告靳君，乃以經過告張兄，彼云亦無關係云。

娛樂

與德芳紹彭看中山堂電影「飛天小老爺」（A Ticklish Affair），Shirley Jones 主演，全為玩笑戲。

9 月 13 日　星期日　晴
娛樂

上午看小大鵬星期早會，有徐智芸演望兒樓，黃音、朱繼屏、高蕙蘭演頭二本虹霓關，二本較鬆，頭本

尚佳。下午同德芳率紹寧到遠東看深宮怨，尤敏主演，
為董小宛在清宮殺多爾袞後，由於發覺皇太后與洪承疇
之戀情，而被囚冷宮被燒死後，順治帝出家之故事，演
來淒楚動人，色彩絢爛，亦為之生色不少。

瑣記

　　昨日同德芳到衡陽路購配新眼鏡，一派噱頭，竟無
法決定買何家者始不上當，今日再到北區較僻之寧夏
路，一談即妥，雖索價亦有虛頭，然還妥後較昨日所問
者尚低二、三成也。

9月14日　星期一　晴

職務

　　上午到大華實業廠查帳，其會計陳君不在，其董事
長王君交余其所備之另一套去年底決算表與今年八月底
試算表，又與 Cooley Loan 有關之倉庫與機器發包合約
等，余一一加以摘錄，以待分析。下午校對 Martindale
依據代會計長 Crosley 之指示最後修正之余以前所作退除
役官兵安置基金查帳報告，內容無何歧異，只編排大為
不同，原文甚長，其中一部分作為附錄內對財務報表之
comments，使讀者不致過分枯燥，此點甚為可取也。

瑣記

　　取來所配花鏡，右 200、左 225，距離似甚合，轉
頭時見標的物亦動，未知有何問題。

9月15日　星期二　晴陣雨

職務

上午，續到大華實業廠查帳，其會計陳宏去花蓮未返，其董事長王作昌云，可用電話催其於明日回北，後日再續行辦理，余問其會計助理人員有無可以洽詢者，云了解不夠，須待陳君，余乃就其製造豆油與其他植物油情形相詢，彼所談甚詳，迨詢以財務，則又一問三不知，甚至今年春間曾否舉行股東會或董事會以及有未分紅，亦推為詳情不能記憶，須待陳一併答復，渠並表示對外應付甚難，雖在極友好之方面，有時供給數字仍難免有所遺患，至於 Cooley 放款則既有銀行作保，已足夠穩固，言下似有毋庸多所查核之意，余即正色告以此係另一問題，本分署依合約應考核其財務狀況云，彼始無詞以對。

9月16日　星期三　晴

參觀

本年歷史文物展覽預展今日起舉行，憑教育部寄來之卡片於下午到歷史博物館參觀，展出者皆故宮、中央兩博物院與歷史博物館之出品，包括銅器、瓷器、玉器、法書、名畫、緙絲、文獻、文具、漆器、琺瑯、彫鏤、法器、甲骨、石器等，凡四百餘件，歷時二小時始看畢，其中最珍品有毛公鼎、瑯琊台拓片、王右軍三帖、孫過庭書譜、褚遂良倪寬傳贊、清明上河圖、長江萬里圖、雙騎圖等。

師友

晚，佟志伸兄來訪，係再度探視余之鼻疾，並閒談，此間現在一切穩定，完全由於氣運，非關人謀之臧，然當局者常不作如是觀，應反省也。

9月17日　星期四　晴

職務

續到大華實業廠查帳，其會計陳君已由花蓮回台北，今日將余核閱其所提供之資料所引發之問題加以澄清，尤其有關淨值方面之問題，如待增資準備，如歷年純益分配與留充累積盈餘不加分配之數額等項，均依每年滾計數額囑其一一加以說明，畢後並囑其再備補充資料，如產銷數字，機器付款憑證等，以待明日繼續審核。

師友

同事黃鼎丞向余通融款項五千元，余告以最近之餘款已買公債，無由應命，但可以洽詢銀行押借，黃君動輒向人告貸，而到期又常拖延不還，故余無以應命也。

9月18日　星期五　晴

職務

大華實業廠本約定今日再繼續查帳，因該公司藉詞其會計陳君在中秋節間雜事太多，頃又赴新竹，要求節後再行辦理，只得允之。蓋今日須核對其帳上餘額，彼已兩度開決算表來，余表示須照例以帳核表，該表必仍有問題，故為此緩兵之計也，彼原要求星期三，余主

星期一，經折衷為星期二。以電話催中國生產力中心速
送其上週允送之資料，仍欲拖延，余限其星期一、二送
到。以電話催政大汪君解決其去年剔除房租一萬五千元
事，允下午送單據來，但至時未果，又催其劉君速將稅
款收回，謂再度換會計人員，當囑速辦云。

9 月 19 日　星期六　晴
體質

　　自入院割治鼻疾，以至出院休養，恢復辦公，已經
三月，現在右鼻之本來極為健康者十餘日來轉有分泌黃
色鼻液之情形，而嗅覺亦大不如昔，左鼻則本患鼻竇炎
者，自手術後經過流血水，停流，以至再度分泌黃液，
現在又漸漸減少，只時常流白色鼻涕，但嗅覺仍未完全
恢復，入夜睡眠多夢，但無惡夢，上唇仍有低度之麻
木，上牙門齒亦不能咬物，視力大為減退，體重不復開
刀前狀態，飲食分量正常，服藥已停半月，有時噴打鼻
藥，似亦無甚作用耳。

9 月 20 日　星期日　晴
置產

　　數年前與吳崇泉、李洪嶽二君在景美合買之土地，
因李君已洽代書辦理分割，並測丈為比鄰金君占用之小
部分，來函通知於今晨在該地會同辦理，至時余與吳兄
前往，李君則由其公子代表，移時代書與地政事務所
之人員亦至，適另有房地介紹人來接洽欲向余等買地，
經與吳兄酌定三百五十元一坪之範圍內可以出售，當立

委託書交介紹人辦理，至今日之測丈，除金君占用部分
外，余等三人之界址亦加以分割，以備出售倘不成交時
仍可以進行分割過戶，此後即可分別辦理，無須互相牽
掣云矣。

瑣記

　　今日為中秋節，照例聚餐，並請紹彭之家庭教師彭
君參加。

9月21日　星期一　晴

職務

　　春間所作之 POL Supplies 查帳報告今日始由本組
Chief 之 Martindale 核閱完畢，並開始向余及劉允中主
任面詢其所不了解之問題，因渠對於該項美援之過去
情形完全茫然，同時又須準備現任之 Deputy Controller
Edward Crossley 之同樣茫然，乃一一由最基本處問起，
乃至現在軍隊系統與油料之來源等項，均不厭其詳，
從頭說起，緣是而所費之時間特多焉。美國 General
Accounting Office 所列小冊 "Improvement of the Language
in Audit Report" 經本會計處重印分發研讀，余今日讀其
三分之一，所述文字上之積習亦猶之乎我國以前之舊式
公文，虛套累累，余本不諳英文中之虛套，數年來習染
漸深，將一向簡明之習慣逐漸放棄，而遷就目前傳統之
文字，今日始知其不足取法也。

9月22日　星期二　陣雨
職務

　　與劉允中主任一同應付 Martindale 在核閱余所作 POL Supplies 之查帳報告，其中有若干問題甚為微妙，非口頭所能說明，例如其中一段主張汽油盤盈與繳公之私油不應收國防部之價購非美援油帳，而應按美援與國防部自購油之比例收帳，在劉君初核時將余原用 These two items 改為 these gains and losses，彼乃執意詢余 losses 如何處理，而資料不全，無詳細數字，只能籠統說明 losses 皆由美援油除帳，一字之差乃有此失。

9月23日　星期三　陣雨
職務

　　上午到大華實業廠補核上週預定之事項，其中有要求其解釋之事項，如累積盈餘之不能前後銜接，與當年純益在損益表與資產負債表上之不同等，均未能有滿意之答復，又將其所送之資產負債表與損益表（去年底）及試算表（今年八月底）與帳面餘額核對，均屬相符，其帳甚新，若干係數日來趕記而成，然由其內容之可靠性而言，此仍應認為其最近真實之整套帳簿也。

體質

　　下午請假到聯合門診中心看鼻疾，李蒼醫師認為喉頭受涼發炎，右鼻可能受影響，經處方黃色消炎用藥片每天二片，六天分，又滴鼻藥一種，每日三次。將最近所配之眼鏡送眼科洪伯廷醫師複驗，認為瞳孔距離相符，俟戴用習慣後即可不再有側頭見紙動之現象云。

9月24日　星期四　晴

職務

上午到中和鄉大華實業廠實地查核其使用 Cooley Loan 所建之倉庫與所安裝之機器，依發票時間言，二者皆為去年底之事，倉庫因金額不足，知其有在建工程，亦為倉庫，囑其加入一併計算，至則謂已付款，至八月底尚未付清，而倉庫已使用二月，早已完工。

9月25日　星期五　晴

職務

以全日時間將大華實業廠查帳報告寫完，除 Background 與 Scope 外，Findings 共分三段，一為 Utilization of the loan fund，二為 Repayment status，三為 Financial condition，前二段皆為肯定的敘述，最後一段先分析其毛利淨利逐年演變情形，認為有上漲趨勢，甚為樂觀，次分析 current ratio 與 equity ratio 均有甚緊張之情勢，但結語則認為該項 loan 有合作金庫擔保，故對於其 liquidity 情形不復再加詳論矣，此一查帳報告在 Cooley Loan 為本分署之第二次，第一次為葉于鑫君所作氰氨公司查帳報告，其中分段與重點皆供余以甚多之參考，但余亦發現其誤點，如謂 disbursement deadline 乃指向銀行提現支用之限期，並非借款人支用之限期，葉君認係後者，余由大華之合約內規定認係前者，蓋如係後者，其時間只在銀行實際支付後之兩天，斷不致有此種不近情理之規定也。

9 月 26 日　星期六　陰雨
體質

　　兩日來鼻疾忽有極特別之反復，左鼻突又分泌極黃之粘液，且在鼻腔結厚痂，今日始又漸漸變淺，右鼻本有流鼻涕現象，茲則又見輕減，喉部則無異狀，有時黃痰由喉排出。續服黃色藥片，每日二次。

娛樂

　　晚與德芳到愛國戲院看電影「瘋狂世界」（It's a Mad Mad Mad Mad World），極諷刺之能事，而情節略亂。

9 月 27 日　星期日　晴陣雨
體質

　　今日鼻疾又見好轉，左鼻雖尚流涕，但黃色甚淡，前日之濃粘分泌物附著於鼻腔者，亦自然脫落，但右鼻似比前日流涕較多，一若二個鼻孔有輪流之情形者；今日仍服用黃藥片二次，但喉頭之分泌物依然，足見其發炎情形並未輕減，猶憶此項藥片前曾服用，似為消炎片一類，亦未曾收顯著之效果，不知此項五官病何以竟纏綿至此。

閱讀

　　看上月與本月之傳記文學，多有佳作，尤其葉曙所寫之高天成院長整頓台大醫院之苦心孤詣，以一醫師現身說法，極為感人，復有一篇寫我國旅美學人在抗戰中之生活者為吳大猷氏，可見凡有成就者多有艱苦過程，非一蹴可幾也。讀九月份 *Reader's Digest*，其中有胡佛總統所寫八十紀念文，對美國今日之文明有深入淺出之描

述，又有一篇 How to Pray，寫祈禱之方，宗教意味甚
淡，即一般人亦可以效法也。

9月28日　星期一　雨

閱讀

今日為孔子誕辰，休假一天，雨中在寓閱讀，讀王
雲五著「談往事」，只讀其中兩篇，一為其圖書館生
活，寫中年前利用圖書館讀書與發展東方圖書館之經
過，兼及在該館印行萬有文庫與叢書集成以推廣小型圖
書館之宏願，二為其擔任國民大會第二次會議主席團與
參加副總統競選之經過，均甚有致。

9月29日　星期二　陰雨

職務

複核上週所寫 Cooley Loan to Dah Hua Industrial
Factory Co. 之查帳報告，作文字方面之潤飾，但又發現
須再向該公司查詢之事項，而其會計陳君聞又去花蓮
矣，遂至不果。以電話催政治大學之汪君速送核其有關
剔除房租之補送單據事項，彼上週本謂送來核閱者，但
失信不果，於是又約明日，又詢接辦顧問組會計之彭
君，詢以學校應找還之稅款是否已經找回，據云因憑證
未能湊齊，至今未果，余與之核對退稅數額，發覺前任
俞君對其學校所辦請款公文，比以前告余之數多列 130
元，不知內容如何，亦少列汽車牌照 1,600 元，當囑立
即加入，並囑日內即將款收回，並作 Final Report，以
便結帳後余據以作查帳報告，按此事懸延已久，如今日

不加以催促，尚不知延至何時也。

9 月 30 日　星期三　晴

職務

　　政治大學辦理密西根大學顧問組經費會計之彭君，今日來洽詢其帳內應向學校本身經費內收回之稅款，已辦理就緒，但昨記 1,600 元以前俞君未請，學校當局竟謂須查帳人員正式通知據以追加，余告以向無此等手續，只須管理帳務人員承認有此種應收回之事實，即應自行辦理，前次一萬餘元即係如此，囑即補辦簽呈一件，如不獲結果，自當在查帳報告內正式剔除也。

10月1日　星期四　陰雨
職務

上午政治大學汪君來送去年查帳剔除一萬五千元之單據，經核有一萬元有奇可以核銷，其餘四千餘元乃由福利會分散為福利金者，自應追繳，余囑其二、三日內有適當之解決，其實此事在去年余囑其補送時即可有此解決，迺當時一片散沙，無人負責，致成懸案焉。春間與梁炳欽君所作 POL Supplies 查帳報告，今日 Martindale 囑對於其中有三數段重寫，並採列舉式之 recommendation 以代余所作之單一式的須查索引表式的，今日下午開始，已將重寫者作成，並將所謂列舉式 recommendation 之內容約略規劃，據允中主任云，Martindale 意在副會計長 Crossley 週內離台前脫稿，以免送會計長 Nemecek 後又將夜長夢多云。

10月2日　星期五　晴
職務

重寫 POL Supplies 查帳報告之 Conclusion 與 Recommendation，前者將其整個情況之良窳作更詳細之評斷，並注重其與前次查帳所發現之事實在今次依然如故者，加以指出，希望加強其改進工作。
慶弔

隋石孚兄病故，上午在極樂殯儀館開弔，余往弔奠，因辦公時間不能送殯。鄒湘喬氏來請柬定後日起舉行書展，余定花圈一只屆時送往致慶。

交際

本分署會計處同人公請會計長 Nemecek，副會計長 Crossley 及 Martindale、Martin 等人於渝園。

10 月 3 日　星期六　陣雨
閱讀

讀九月份 *Reader's Digest*，Special Feature: Mario Lazo 作 Decision for Disaster，此文為作者三年來調查所得古巴自由份子在 1961 年四月進攻古巴中途，因被甘迺迪總統左右所賣而全盤失敗之故事，其中若干戲劇性的描寫相信絕非虛構，否則讀者文摘不致破例以其書摘之篇幅登此全文也，此一文字充分證明美國政府內之顧頇小人畏首畏尾，至今尚在誤國之變本加厲中，而此一故事正是中國大陸淪亡之翻版，而越南已在完全步其後塵之步驟者也，設今日之民主黨冬季大選再勝，魯斯克繼續任為國務卿，此項誤人誤己之政策正方興而未艾也，世局如此，可為浩嘆！

10 月 4 日　星期日　陰雨
師友

為答謝李德民夫人孫聖嘉女士贈畫，上午與德芳到基隆和平島其寓所訪問，往返乘坐新快速公路之班車，北基間只須半小時即足。
瑣記

聞中國郵報星期增刊載有個性測驗，凡十四題，每題十分，其得分如在四十分以內者即為個性偏於悲觀，

七、八十分者適中，百分者則有過份粗疏與過分樂觀之
傾向，亦值得改進，余計算得八十分，可謂無何問題，
惟其問題之答案因受測驗者之各人素養而異，余雖得如
許分數，但自省仍為偏於悲觀者，尤其對於世界現狀，
始終不存良好希望，乃該測驗題所未及者也。

10月5日　星期一　晴

職務

　　全日到師範大學查德州大學顧問組經費，此為接續
上次所查，此次只有八月份一個月的經費，故費時無
幾，又該顧問組上年度所領台幣經費係預算至八月底，
故此次查完即為上年度用款完全查完，至於餘款與固定
資產則尚不能立即繳還，前者因該顧問組曾保留現在台
尚未回國之顧問 Rand 之回國旅費，預定九月份支用，
現在尚未支用，而醞釀中將延長半年，則 Rand 不即回
國，該款恐將只能繳還，後者則須等待如果延長，自當
繼續使用，此為該顧問組結束時之特殊情形。

參觀

　　鄒湘喬氏書展在中山堂舉行，下午往觀並道賀，鄒
氏書法全由用功得來，書卷氣亦重，但言變化，則較之
張隆延、傅狷夫等之才氣縱橫者，似尚遜一籌，鄒氏之
作品可以謂之能品，論逸與妙，則均尚有不逮也。

10月6日　星期二　晴陣雨

職務

　　千呼萬喚始於上週末送到之中國生產力中心之財產

表，於今日核對後發現舊錯並未完全改正，新錯又已發生，如此循環相生，豈非將數年不能結案？此等會計人員如劉某者，真不知是何等主管也。以電話催政治大學之汪、彭二君速將收回款收回，以便將用款之結束數額確定，繕發查帳報告，此一單位亦與中國生產力中心有不相上下之歎。

10月7日　星期三　晴

職務

依據前日所得之師範大學與 University of Texas 之技術合作案查帳資料，將已寫好之查帳報告更延至八月底止，此為第二次之延長，設在各層核閱中再度延誤十日，能否即為不再將日期延後，尚無把握也。電話約中國生產力中心人員來當面將所送表報之錯誤改正，並抄下帶回將其存卷底稿亦加以改正，此蓋因該中心對此牽延過久，余不敢令其帶回再改也。

體質

下午請假到聯合門診中心看鼻疾，左鼻已好，右鼻加劇，喉部亦發炎，李蒼醫師亦不知其然，只謂喉部所排者未必即為鼻內物，經開出 Allercur 與點鼻藥各一種，此點鼻藥為新處方，向未用過，試用覺喉有刺痛。

娛樂

晚同紹因到中山堂看電影，樂蒂等所演花田錯，由京劇移演而來，只有情節而無演技，殊不足取也。

10月8日　星期四

職務

寫中國生產力中心之查帳報告之 Follow-up，此為一新辦法，Follow-up 不出報告，只用一 Router 或 Office Memorandum 寫出其執行經過，送閱後歸卷並加記錄，即予以結案云。

交際

即將開幕之此間最大觀光旅社統一飯店晚約本分署同人參觀並飲宴，該飯店有三百房間，最貴套房房金一千元，設備極好。

10月9日　星期五　陣雨

職務

數月來積存之懸案漸漸有清理之可能，現在已只餘政大之密西根大學顧問組經費有兩問題，一為今年查帳時之會計俞君正向學校交涉退回已付稅款，其數額曾由余告以須加入牌照稅一千六百元，但俞君出國，現在接辦人謂其並未將此數加入，而現在學校以去年經費追加預算已經逾限為由，不肯退給，此款如不能以微細為理由予以豁免，即須另作 recommendation，為此戔戔而大動筆墨，亦殊不值得也，二為去年剔除一萬五千元經補核單據萬元後，尚有四千餘元未有結果，仍在催辦之中。

交際

上午，到中山堂為于普天六十壽道賀，因交誼泛泛，未送禮物。孫伯棠氏作古，今日同鄉在中山堂開治

喪會，余應約參加，未散會而返，因須辦公也。沐松濤
父喪，送現金一百元。本分署副會計長 E. Crossley 下午
回國，會同各同仁到基隆碼頭送行。

10 月 10 日　星期六　陣雨

國慶

今日舉行國慶閱兵大典，余之出入證交七弟瑤祥使
用，紹中與紹彭則到聯合大樓參觀，其餘皆在寓候部隊
經過巷口時略加展觀，與往年大同小異。

娛樂

晚，到國際學舍看許石音樂社所開台灣鄉土音樂發
表演出會，有歌謠演唱，分成人、兒童二部分，有四個
樂章之交響曲，完全將民謠編曲複雜化，別具一格，甚
非易易。

10 月 11 日　星期日　陰雨

閱讀

讀「電的故事」，*Electricity - The Story of Power*，作者 A.
Mandelbaum，為一小冊，寫述電的發明及其應用於人
生之日益擴大的各方面，雖為一常識讀物，然寫來引人
入勝，尤其說明自靜電之被發現，至直流與交流電之辯
爭與使用之日廣，至電力被發現而至今日各種利用電波
傳過空氣而日益繁多的視聽與傳播之利器，深入淺出，
亦博亦精。

師友

因聞冷景陽兄生子，下午與德芳往訪，並將有所餽

贈，至經詢問之後，始知生後五天即死，彷彿為 R. H.
Factor 之疾病，但亦似與冷太太之糖尿病有關，略談即
辭返。

10月12日　星期一　晴

職務

會同吳學忠君到本署出納室查 Cashier's account，
此為每年照例舉行之事，前年由余辦理，陳少華君協
助，去年杜坤明君辦理，由余照拂，今年又由余辦理其
事，而吳君為助，今日已將現金點查完畢，並對該室之
現行制度作粗淺之了解，蓋自今年三月，美國駐華大使
館之收支官撤銷，此間 Class B Agent Cashier 改為隸屬
於菲律賓美國大使館，大同之中仍有小異也。

娛樂

晚，同德芳到台灣大學看國慶平劇公演，由于大
成、蘇可勝、楊承祖、陳燕等合演三擊掌武家坡等，大
體甚好，其中楊甚穩，陳嗓好，蘇則平均發展，甚好。

10月13日　星期二　陣雨

職務

繼續查核 Cashier's account，今日工作為就美國財
政部所定之查帳程序，對於其 questionnaire 約四十條左
右試作解答，其中半數與以前所查結果無所變更，只須
照樣再填一次即可，半數則情事變更，須與 Cashier 談
話以明底蘊，其中不乏大約不致變更，但須加以證實
者，吳學忠君則從事抄錄其抵庫之各項支出，此照例須

加以逐項列舉，作為報告之附件云。從事校閱兩項報告之 draft，其一為亞洲水泥公司之查帳報告，經余初寫，McKeel 重寫，輾轉數月，今始由各有關部分會稿完畢送回，交余重閱一過並核對數字，無何訛誤，讀後有感覺甚為費解者，尋思始悟，予以見 McKeel 並未能以深入淺出之文字為之，視余初稿所勝固無多也。次為師大之 Texas University 顧問經費，經劉允中主任修改後，今日打出清稿。

體質

今日參加照例每年舉行之 X 光肺部透視。

10 月 14 日　星期三　晴

慶弔

孫伯棠氏逝世，今日開弔，上午往祭奠，未送殯。

職務

去秋及今春所查 Development Loan Fund - Small Industry Loan，目前報告已出，但在請華盛頓執行追回部分貸款時，原已會稿之貸款組又表示反悔，且挽法律顧問提出咬文嚼字之意見，表示此案應由華盛頓決定，余今日看各該方所簽意見，一則侈談政策，一則舞文弄墨，光怪陸離之至。

10 月 15 日　星期四　晴

職務

為本分署投資組對其以前已經會稿且已發出之 DLF-Small Industry Loan 查帳報告忽又提出撤回會稿一案，

準備資料寫成 comments 一篇，針對其所提各點反駁如
下：（1）信華毛紡廠原在審核標準內屬於不再扶助一
類，但投資組認為當時經濟部工礦聯繫組曾函信華允
准，余意在查帳時各處文卷皆無此案，何得認為變更規
定，但如認為是變更規定，則 refund 可以豁免，（2）華
民紙廠據稱未將機器轉讓，不構成追繳，但該廠及承受
之綸益已有帳簿記載價款，又作何說？（3）環台與中
央玻璃謂其後者已開工，已非 idle equipment，但此為
現在之事，如因此可以免於追繳，亦可不加反對，但只
應採 waive 方式，不能撤銷原查帳報告云，又對於法律
顧問所提追繳條款之適用一節，彼認為應為 602 條，余
認為 604 亦可適用，但不堅持，此僅程序略異耳。

10 月 16 日　星期五　晴

職務

今日工作為：（1）Proof-read 亞洲水泥查帳報告，
此報告所費周折近一年；（2）依據向大華實業廠查詢
所得資料，將所草擬之報告作最後修正；（3）催政治大
學彭、汪二君速將查帳報告內應作各事趕辦，希望下星
期一、二可作最後情況之截止日，以便發出查帳報告；
（4）星期一所查出納帳目，其間含改採收支集中制，
在報告內須加以提起，故詳閱該項改制之有關文卷，以
獲概念，但其中法令條文依據太多，所引格式紛繁，亦
只有意會而已。

10月17日　星期六　晴
參觀

　　上午到華南銀行參觀蘭花展覽，因季節關係，展品以嘉德利亞蘭、石斛蘭為最多，萬代蘭甚少，但甚出色，得銀牌者有之，蝴蝶蘭則絕無，又出品中素心蘭比往年為多，且有得獎者，出售者甚多，普通品只十餘元一箭，因市內氣候斷難繁殖，故不取也，有賣出水仙球根者，初冬可試，且有詳細說明，因購其一株，售者並有雕切之示範，會將依法泡製也。

10月18日　星期日　雨
閱讀

　　讀本月份傳記文學，頗多力作，予余以印象最深者為賈士毅作財政總長周學熙與梁士毅，與沈亦雲作段執政一段政治情況，均反映北伐前北京政治之作風，及內憂外患之所在；又有陶鵬飛作讀 "Foster Dulles: The Last Year"，為杜氏之妹 Eleanor Lansing Dulles 所作書之摘要，於杜氏對美國外交之貢獻有生動而突出之描寫，情感豐富，極為感人，而於杜氏之金馬嚇阻政策之成就，解說尤為詳明；另有兩篇有關陳獨秀之文字，一為陶希聖作「記獨秀」，寫作者與陳氏最後之往還，二為轉載胡適所作陳獨秀最後的政治見解的序文，其中對於陳氏最後認為民主不可能為獨裁的民主，亦即蘇維埃政治下之所謂民主只為空洞的口號，而資本主義下之民主，並非便於資本主義，乃大家血汗所爭，則此與列寧以來之教條主義固大相逕庭也。

10月19日　星期一　晴
職務

寫作上週所查 Cashier's account 查帳報告，余所擔任者為前面之 questionnaire 部分，內容與往年所報告者大同小異，只有數點如派員到敦化路發放部分薪工，如因改隸菲律賓 Regional Disbursing Office 而周轉金數額由過去之八千元美金增加為現在之八萬五千元美金等，附表則由吳學忠君擔任，其中有數項為歷年所無者，如 Documents in transit 等，又因美籍人員調換現金（謂：accommodation exchange）等新業務摻入，使表內項目亦較昔為複雜，故大同小異之程度比往昔為甚也。本定於今日下午到政治大學複核其稅款收回帳項而將上月所作查帳報告予以完成，但經電話詢問，知帳尚未正式登記，而傳票亦未完全整理，結束報告亦只有草稿，當決定再行延展一星期，此一計劃延宕再四，從無如此拖泥帶水之事也。

10月20日　星期二　晴
職務

上星期四所寫對於投資組與法律顧問對於 DLF-Small Industrial Loan 之查帳報告意見之批評，經劉允中主任修改後於今日簽發，其所改對於法律顧問一段之措辭比余原稿明白多多，措詞亦較得體，對於投資組一段則刪改甚多，余以為實不若原稿之完備也。政治大學會計彭君來談 1964 年度經費結束報告作法，余查卷將其前任所送之 1963 原案相示，彼云在其辦公室未見此

卷，但對於若干事項詢問後已明，此為余經辦遲至目前
未了之唯一案件。

10月21日　星期三　陣雨

體質

　　右鼻之黃色分泌物色彩漸淡，且在下午亦有減少趨
勢，或因兩週來使用新點鼻藥準時每日三次，且仰臥使
藥進入深處之故，今日下午在到聯合門診中心，由楊
人告醫師代李蒼醫師診察，認為過敏性，故處方仍開
Allercur 二十粒，另依據余之意見，續配該項點鼻藥一
瓶，仍為每日三次點用。左鼻現在已極少分泌物，當係
開刀收效之故，但辨味之能力尚甚薄弱，故自近一年來
所患鼻疾至現在為鼻孔嗅覺最差之時期也。

參觀

　　下午到中央圖書館參觀歷代圖書展覽，其展品係按
時代之遞嬗而分先後，前為甲骨刻辭，計為該館所藏者
二盒，不過示其一斑；二為商周銅器及金文全形拓片，
亦有少數原器，但皆小件，拓片近乎百種，均在牆上張
掛，拓印甚精，尤其有銘文者為然；三為石刻拓片，以
漢碑為主，漢碑皆大幅原拓，但未說明拓本年代，較出
色者有景君碑、百石卒史碑，皆隸書，而篆書表安碑甚
清晰，為昔所未見；四為寫本，由簡牘而至寫本卷子，
寫本圖書，精品美不勝收，甚多為昔人寫家之著述稿
本，如王穉登、翁方綱，皆極精絕；五為版刻，注重宋
元古版，其中版式佳絕者實繁有徒，如宋刻通鑑、東都
事略，元刻北山先生詩集，皆美觀絕倫，而明彩印十竹

齋畫譜，設色精妙，不易一見；六為輿圖，在明清兩代
均用山水畫法繪製地圖，極為精審。

10月22日　星期四　晴
參觀

　　下午，到南京東路參觀中華民國53年經濟建設展
覽，此為在台空前宏大之展覽會，先看陳列部分，為各
工商業出品及設備之展覽，計有綜合一館、二館，及僑
資、人造纖維、毛紡、紡織、森林、塑膠、手工、玻璃
等二十館，但因其路線並無順序，故定有遺漏，余只看
其大半，陳列部分最末為國營事業館，規模亦最大，其
中石油公司展出有石油副產品之種類與系統附帶其各種
出品之式樣，有為本省己製者，有則為外來出品者，對
外行人有不少啟發，碱業、電力等公司亦然，由此前進
而銷售區，先為敦化路邊區域，然後轉至南京東路區
域，亦為各業店位，但有陶瓷館與水族館為展出性質，
水族館以熱帶魚為主，另有金魚與海馬等，余走馬看
花，共看五、六小時始竟，中間休息三、四次，因不在
假日，遊人不十分擁擠，得有迴旋之餘地也。

10月23日　星期五　晴夜雨
瑣記

　　中國人讀英文往往輕重音顛倒，昔無廣播，幾無
可以發現之機會，數月來余聽救世傳播協會之節目 Air
Classroom 甚得實益，昨今兩日即發現兩錯字，一為
personify，重音節在 son，余本讀在字首，因由 person 衍

出之字重音皆在首也，其二為 dynamics，重音在 na，余昔亦以為在首，今當即時改正，猶憶數年前讀 horizon 亦以重音居首，聞人讀 ri 重音，始憬悟，而知其理也。

10 月 24 日　星期六　陣雨
娛樂

晚，同德芳到台灣藝術館看平劇，由李桐春王福勝金鳴玉等合演關羽傳，包括白馬坡斬顏良、掛印封金、過五關、斬六將、古城會、斬蔡陽代訓弟等，共計演出三小時，李為武生，但亦兼演紅生，工架與唱做均能平均發展，而數段崑腔，亦頗引人入勝，是夕座無虛席，雖在最後亦能清晰無礙，因其場地較小，而場內後面漸高，俯視舞台極不費力也。

10 月 25 日　星期日　陣雨
師友

前山東省銀行同人馬麗珊女士來訪，並贈水果，謂現在石門水庫建設委員會繼續服務，余詢以是否將解職至石門水庫管理委員會，謂未加進行，原因為其夫君所營診所將移至本市，彼意不願再在該地工作，而其長女來年即須投考中學，亦不宜再居該處，將來尚託余在市內進行工作，余因此事並不簡單，故只允隨時注意及之。李德民君來訪，閒談。
瑣記

余家所用煤氣係由中本供應，國民大會秘書處與該公司訂約優待，但數月來由於競爭關係，價格步跌，漫

無標準，每次收費只憑其開單列數，後發現鄰右台灣銀
行用該公司煤氣比較更低，乃以該行之標準付給，並在
送貨單上寫明，今日忽又來人索取差額，乃力斥該公司
營業之不規矩，初尚不服，呶呶不休，迨其理屈始無結
果而去。

10月26日　星期一　晴曇
閱讀

　　連日抽暇讀「藍欽使華回憶錄」，已竟其半，此書
為在華擔任大使最久之藍欽所作，包括敘述其使華之經
過，及若干有關之外交文件，已讀之前六章為中國、香
港、台北、鞏固、進步、休戰等章目，時間自中國大
陸撤退，廣州美國總領事館移香港，至韓戰停止，作者
極同情中國，亦可謂因對於美國之東方政策認識較為清
楚，自然的對於中國之重要性的了解遠超過於國務院之
人員，是其因愛國而及於同情中國也，其行文多極含
蓄，雖於國務卿愛其遜之流，亦仍然以適當之角度予以
甚大之讚譽，殆亦職業外交家之慣用辭令乎？

10月27日　星期二　晴陣雨
家事

　　下午與德芳到木柵財務學校宿舍訪紹彭之級任教師
徐女士，談紹彭成績，據云如能將年來進步情形持續有
恆，則直升附中，非無可能，目前二年級共有學生四
班，約二百四十人，將來直升附中為五十人，大約滿
八十分即有希望云。下午與德芳到溝子口訪喬修梁夫

婦，取回以前為紹彭到附中木柵分部借讀時之條件，亦
即將戶口移至木柵之戶口名簿，仍然轉回台北市。蓋紹
彭已准為正式生，該項戶口條件已不存在也。辭出後，
余到木柵鄉公所將戶口名簿內德芳與紹彭申請移回台北
市，當即將移轉申請書取回備向古亭區公所申請轉入，
該鄉公所辦事甚為迅速，且不收費用。

10 月 28 日　星期三　晴

職務

　　三月前所查政治大學密西根大學顧問組經費帳，因
等候其向學校經費內收回所支不准支出之有關稅款，而
遲遲未作報告，同時亦在希望其對於去年剔除款能在此
期間收回，即可結案，致曠費時日甚久，今日知其稅款
已經收帳，而最後之餘款亦製成 Final Report，乃往該
校核對帳目，見帳面數字與表列已經一致，只待將解餘
款之支票送經合會收帳，該項經費即可結案，但尚有該
組忘向學校請款之款 1,600 元，學校原已不肯再付，經
交涉結果，又允撥還，約三、四天即可解決，屆時又須
列帳作表一次，至去年剔除房租 15,000 元，經補核銷
一萬另七百元後，尚須繳還四千二百餘元，主辦之汪君
云正在籌措中，相信數日內亦可解決云。

10 月 29 日　星期四　晴

職務

　　就昨日查帳結果，將三月前未完成之政治大學密西
根大學顧問組帳目之查帳報告於今日完成之，計包括

Findings 內加寫稅款 1,600 元在帳內開支應予繳還，及前次查帳剔除款除已有單據部分外，其無單據之四千餘元，仍應繳還，又在 recommendation 內將此點加入，由是完稿，關於此項剔除款，校方謂三、四日內即可繳還，但余對於該校之事已失信心，不願再等，好在此項報告之 issue 非旦夕間事，其間有新事實仍可改變也。

交際

蕭新民君之公子下午在軍官俱樂部結婚，往道賀，並於事先送花籃一隻。

10月30日　星期五　晴陣雨

職務

下月份工作為 Cooley Loan 對於 Pfizer Taiwan Co. 貸款之查帳工作，今日先行閱覽卷宗，關於此等貸款，本會計處完全無卷，只好向貸款部分貸閱，此項貸款之合同與其他之 Cooley Loan 又自不同，蓋 Cooley Loan 為美國由於 Public Law 480 所存之海外外幣的運用，其特點為貸款對象須為美國人，或為對於美國農產品之產銷有助長作用者，其貸款皆無抵押，有的有承還保證人，有的則無，此一 Pfizer 藥廠則由其投資之美國Pfizer 為保證人，至於 Pfizer 為巴拿馬之 Pfizer 之子公司，此一紐約之公司又係依 Delaware 州之法律而組成者，其所以周折如此之多，諒必與租稅負擔有關云。

10 月 31 日　星期六　晴陣雨

慶弔

　　上午，先後到政大校友會、國大代表、聯誼會及實踐堂等地參加總統七十八歲壽慶簽名祝賀。

集會

　　上午參加國大黨部小組會議，所談為最近蔣總統以通知方式向國大代表主張停開臨時會，未採談話疏導方式，深為遺憾，此事完全為中央黨部負責人處理不當，種種不愉快之氣氛正在瀰漫之中。

娛樂

　　晚，同德芳到國光戲院看大鵬徐露、鈕方雨演十三妹，悅來店至弓硯緣等與一般戲本同，至乘舟入京後直至成婚一大段則大段唱工為初見，甚新穎，惜多場嫌累重耳。

11月1日　星期日　晴

瑣記

今日閒暇無事，整理家事，自前年將廚房改在前院，其房門乃利用舊門安裝，近來關閉不易，緊閉後又難以開啟，致門下損壞，乃從事修理，勉強可用，此門變緊之原因，余揣測為受正房之壓力，蓋正房十餘年即已前傾，但為時極慢，余意去二年來或進度影響門框之寬度也。

體質

十日來點鼻藥每日三次，且使注入內部，服Allercur 每日三或二次，均不間斷，又每日服 Stresscap一粒，鼻疾似有進步，左鼻久無分泌物，近日似已漸復嗅覺，右鼻則分泌物亦漸漸減少，現只上午尚排出二、三次，下午即已停止矣。

11月2日　星期一　晴陣雨

職務

續閱有關 Cooley Loan 借款人 Pfizer Taiwan Ltd. 之文卷，對於大致情況已經了解，此一放款之各項條件似甚為借款人注意履行云。余所擬經新來美籍 Auditor McKeel 修改後發出之 Asia Cement Corp. 查帳報告，經送署長後發還重改，謂原文對於該公司之種種表現適indicate 其無全盤履行合約之 intention 一點不能同意，謂吾人不可如此說法，於是將原文之 indicate 改為 "we assume" 字樣，intention 一字仍舊未改，經即核定發出，此事表現現在當局對於受援人措辭之慎重，但此一報告

刺激受援人之處尚多，不知其何以只注意此一點也。
參觀

　　下午到市議會看花藝展覽，包括蒔菊、盆景、插
花、花籃等，尤其插花一項有六、七團體，余認為櫻花
遠州流最佳，尤其以盆內花枝安排為山水，留有餘不盡
之意，令人意遠，次則小原流亦佳。到中美文經會看剪
紙畫展，此為一七十餘之老太太所開，別開生面，甚多
巧妙之作。

11 月 3 日　星期二　晴
職務

　　八月間所查政治大學密西根大學顧問組經費帳，原
係截至七月底止之餘額，因等候其稅款由政大退回，前
數日始完成報告，但繳卷後劉允中主任又認為延緩期限
太長，應再查數月，乃於今日到該組續查八至九月之
帳，十月份之帳則在該校之習慣上至今尚未登記，除催
其改善此項延宕習慣外，經即查至九月底，此與華盛頓
審核計劃列此一計劃於本年度第一季即七至九月份，亦
相一致，今日查帳結果甚好，除一兩筆須補單據者外，
均甚合規定。

11 月 4 日　星期三　晴
職務

　　依據最後所得之查帳資料，將 University of Michigan
contract 之查帳報告稿作最後之修正，包括台幣用款增
加兩月支出數，客籍教授之請假記錄增列兩月數，以及

其他行文應行改正之處。

參觀

到士林參觀菊蘭展覽，但最佳者為楓榕榆木等之盆景，此外則室外增加白鶴與鴛鴦，及其他鳥雀。

師友

晚，王慕堂夫婦來訪，閒談交通銀行事。

體質

下午到聯合門診由李蒼醫師看鼻疾，取藥同前。

11月5日　星期四　晴陣雨

職務

春間所作 POL Supplies 查照報告經劉允中主任與 Branch Chief T. K. Martindale 兩次修改後，囑數段改寫，又原有之 Recommendation 只寫一項由國防部暫飭各單位依報告指出事項加以改進，一月前送劉君再核，彼認為余改寫之 Recommendation 雖已較前擴充，然仍就各該上級機關提出，認為仍宜按 Findings 之事項一一作 recommendation，故今日三度重寫，依 Findings 之順序，逐一為之，今日完成其大半。上月 20 日所作之對於投資組之對於 DLF-Small Industry Loan 之答辯的 comment，余今日檢卷知該案已由 Martindale 寫一 memo 致會計長，所採理由大同小異，然措辭則完全為簡潔之英語語法，較余所寫固優，即劉允中主任之潤色，亦瞠乎其後，甚矣文章之事，無有底止，中外固同也。

11月6日　星期五　晴
職務

　　將 POL Supplies 之查帳報告內改寫之 Recommendations 予以完成，共計十二項，按照 Findings 之先後順序，並儘量將性質相同者予以合併，而以明白簡單之文字將其要點納入，使得將文字減縮至最低限度，然已較一般之查帳報告為多矣。按此一報告完成於春間，所查之截止日期為去年六月底，若依時間性言之，又須前往續查，所謂 up-dating 是也，但此一計劃非屬帳面問題，且單位眾多，遍及全島，如須 up-date，勢等於另查，況此為軍方計劃，自今年七月起已歸還軍援顧問團，原則上亦無人手為之也。

11月7日　星期六　晴
游覽

　　下午與德芳再到士林園藝試驗所看花，最值得欣賞者為其各種榕樹、榎樹、楓樹、榆樹之盆景，有具體而微，作大樹林狀者，亦有作枯柏生新，大枝重發新葉者，更有在假山石上若立千年古木者，具有其獨特之境界，庭前則菊花齊放，黃白嫣紫，各有其態，為之怡然神爽者久之。

參觀

　　下午到中美文經協會看鄭月波畫展，其畫多取抽象境界，而不求像似，所作皆馬、魚、貓等動物，此為在台畫風獨特之作家之一。

慶弔

今日為宋志先兄之岳太夫人八四壽辰，前日德芳曾往贈禮品，今晚余往與壽宴，計二席，男女客各居一席，與賀者有昔年必來而今已作古者，而太夫人則健康如昔，真難能可貴也。

11月8日　星期日　晴陣雨

師友

下午，佟志伸兄來訪，探問余之鼻疾，並閒談一般行政之狀況，頗多憤世嫉俗之感慨，並認為政治興衰可由用人之來源覘之，凡用人唯才者，必為盛世，凡用人重資歷者，則必為治世，至於用人全在關係親疏者，必為衰世無疑，不幸吾人正是此種狀態，正不知將何以反攻復國也。

體質

左鼻已正常，且嗅覺亦恢復，右鼻除早晨略有黃涕外，其餘時間亦無分泌物，只餘喉部尚不甚好，日必排出黃色分泌物約十次左右，凡所用藥，似均難達此部分也。

11月9日　星期一

體質

右下臼齒用銀粉補後已兩月，昨晚刷牙忽整塊脫落，該齒本只一半，於是覺甚不自然，今日上午到聯合門診中心由陳立元醫師再為檢視，在用電挫磨時，覺中間極酸，陳君認為今日須仍先用藥填敷，兩星期後始可

再補。今日請病假一天。

師友

晚，蘇景泉兄來訪，談其撰寫年譜之經過，並準備印行詩文集。

娛樂

晚到中山堂看電影，譯名女王西施，原名 The Story of Vickie，寫述英女王 Victoria 十八歲登基後欲親民勤政及與亞爾伯王子之一段虛虛實實的邂逅與愛情，甚為風趣，彩色極佳，演來亦好。

11 月 10 日　星期二　陰雨

職務

下午四時在美國新聞處舉行本分署全體會議，由署長 H. L. Parsons 報告並頒發服務十年、十五年、二十年，並一人為三十年之紀念狀，然後由前數日甫由華盛頓總署來此接洽美援停止後有關事項之 Poats 演說，要點在說明此間經濟發展可為若干國家受援之示範，故此後此項接受觀摩訓練之業務將增加，對於結束後之人事則只輕描淡寫而已，今日並有紀錄電影「自由中國之工業」。

慶弔

上午到極樂殯儀館弔楊寶琳女士母喪。

集會

晚到經濟部開經濟座談會，史元慶報告美國經濟開發理論之趨勢，並有幻燈片助興。

11月11日　星期三　陰

師友

下午訪黃德馨兄於台灣大學，此為其受傷折骨後之初次往訪，蓋半年來余亦在病痛中也。黃兄云已復原，但有時仍須檢查服藥，又談其子女情形，長次二子均在美，三子在建國中學，幼女在市立女中，明年即畢業升學云。

參觀

下午再度參觀五十三年經濟成果展覽會，其中有數處為前次未及參觀者，今日往觀，包括合作事業館、農村實況館，尤其後者，其中以一農家為單元，陳列其各種生產消費情況，如種稻、種甘蔗、種香蕉鳳梨、養雞養豬，室內設備如農具肥料房、倉庫廚房、臥房、客室、浴室等，均清潔簡單且有堆肥舍與沼氣發生池（Methane），可謂麻雀雖小，五臟俱全矣。

娛樂

晚，到中山堂看水泥公司十週年晚會，有古愛蓮演之玉堂春，金素琴、周正榮演之蘆花河，均極為精彩，余到時為九時三刻，惜玉堂春未及窺全也。

11月12日　星期四　晴

閱讀

讀本月份傳記文學，其中頗多引人入勝之文字，如沈亦雲寫日本與中國之早期關係，首先對於日本明治維新之立國精神扼要指出，認為值得並世各圖強國家之效法，但在侵略中國時即完全為暴力恣肆之軍閥作風，結

果自亡其國，吾人恨其所加於吾國者，然亦不可不自反
其受侮之因也，又如記梁任公民初任財政總長，雖無甚
施展，但其接任之初，於整理財政，計劃綿密深刻，雖
財政專家，不出其右，可見梁氏之不同於常人也。

11 月 13 日　星期五　晴

職務

　　春間所查亞洲水泥公司之 DLF Loan 查帳報告已
經於上週發出，此項報告係應由 Capital Investment
Division 依照處理，故報告發出後該 Division 即於上星
期五致電華盛頓總署，除述明此項查帳報告所指出之
違約各項而外，並縷陳該公司最近向開發公司繼續借
款，又向國外增購機器，以分期付款方式發生新的負
債，而依約此項負債非先經本分署同意決不可為，但該
公司雖向本分署提出申請，而接復文囑提出 Cash Flow
Statement 一節延不答復，而各項新負債反在逐漸形成
之中，凡此跡象皆表示該公司對於本署之借款合約無意
徹底履行，當係該公司資金需要不殷，故在本分署立
場，認為除依約提前宣布借款到期外，無他途可循云
云，此為查帳以來所引起最大之反響，蓋吾人之建議雖
只為由該公司提出說明，而 Capital Investment Division
之堅決出此，不能謂非此一報告之結果也。

11 月 14 日　星期六　晴

娛樂

　　晚，到台灣大學觀該校校慶平劇表演，由何浩邈、

李望錦演遇后，何飾包拯，嗓音宏亮，而不誇張，空城計由楊承祖講師飾孔明，扮相唱工均佳，但嗓音略低，稍遠輒不可聞，棒打薄情郎由蘇可勝、侯春陽、劉興漢等合演，皆為同學與校友，搭配極佳，尤其蘇之金玉奴，由花衫而青衣，俱所擅長，蹻工亦復甚穩，水袖身段均極美觀，扮相台步尤無可指評，劉飾金松，滑稽突梯，別開生面，全劇獲甚大之成功。

11月15日　星期日　晴晚雨

師友

潘堅兄來訪，談曾著書一種，作反共宣傳，現為增強效果，正託人譯成英文，但譯印約需三十萬元，為籌措經費，幾經探索，始獲進出口公會之允諾補助，然尚須經過理事會通過，據云理事分成三派，而吳邦護兄代表其一，託余先告吳兄，彼將前往疏通云，此等事為年來所盛行，亦文人末路中之特異現象，雖不合理，亦唯有允其所請云。

瑣記

諸女寢讀之室，日來忽有臭氣，初疑為隔壁之抽水馬桶有何障礙，經將疊席打開，始發現地籠內有死野貓一隻，乃與紹中將其裝入紙箱，持送遠處街側之垃圾箱內，並由紹彭買石灰，由紹中與德芳灑布並重新安放疊席，此等事在五、六年前曾有一次，時在玄關天花板發現臭魷魚一條，亦為野貓所啣來，台北野貓奇多，殆屬防不勝防。

11 月 16 日　星期一　晴晨雨

職務

依劉允中主任之意見，將所作 University of Michigan 之查帳報告再作修正，包括將台幣支出數目表與前一報告之重疊部分加以減除，再度查詢政大對於剔除款之追繳情形，知尚未繳，乃在 recommendation 內加以限期一月，逾則停付經費。將所作 POL Supplies 查帳報告之 recommendation 中之較為複雜者，予以簡化，亦即將一個分成數個，交劉允中主任定稿再行打清。去年所作 RETSER Placement Fund 查帳報告仍在會計長之繼續推敲中，今日忽又詢問中國政府以林木代金按百分之十繳入該 fund 之法案根據，余乃向輔導會將原條文索來，據云殆恐中國政府將來索回，亦可謂匪夷所思矣。

師友

同事劉明德君由菲律賓回台，來訪並贈原子筆。楊天毅兄來訪，余未遇，贈德芳溥心畬遺作寒玉堂詩詞聯文集一函，印製極精美。

11 月 17 日　星期二　晴有陣雨

閱讀

今日起休假一星期，讀 *Reader's Digest* 十月份所載書摘 No Substitute for Victory- The Real Story of the Korean War，乃摘自麥克阿瑟元帥回憶錄者，文內所談美國有史以來之所謂不求勝利之戰爭，令人發噱，而以此兒戲政策，玩弄韓國人民，且使大陸共匪知美國意向與麥帥之受制於其政策而長驅南下，真時代悲劇也，文前附有

文摘社按語，認為美國之威望在該項放棄勝利之戰略下
已大為受損，而目前南亞局勢仍在同樣發展之中，不知
美國政府與人民能否不再重演此種悲劇，語重心長，以
今日中國人之立場讀此文後，更不禁熱淚盈框而掩卷太
息也。

11月18日　星期三　晴

師友

上午到第一人壽大樓訪劉明德兄，不遇。下午到重
慶南路訪吳崇泉兄，據談景美土地之介紹人未云不買，
但遲遲不能成交，因其款尚未到云，又談當前會計師業
務仍極艱苦而不正常。

職務

因到聯合大樓買糖果之便，在辦公室將打字本之
POL Supplies 最後稿複閱一過，又 Cashier's account 之
查帳報告今日打成，由吳學忠君校對，余今日將應簽字
之地方共計四處，一一簽於蠟紙上。

11月19日　星期四

體質

兩鼻孔均已無黃分泌液，只在上午或感涼時有清湯
流出，嗅覺亦逐漸恢復，左鼻幾已完全正常，但喉頭甚
不清爽，上午咳出黃色分泌物甚多，昨日再到聯合門診
中心由楊人告醫師診察，認為喉部情形乃由鼻而起，
故主仍須點藥，並服用抗過敏性藥，經處方取來藥水一
瓶，與前用者相同，又 Allercur 二十粒，皆每日三次。

家事

　　下午，同德芳到成都路、博愛路一帶購買衣物，主要為紹南來信請購之物件，但窮一整個下午，並未完全辦妥，因若干物品實不稱意之故。

11 月 20 日　星期五　晴
瑣記

　　利用休假時間，整理期刊報紙，蓋余藏書只有一席大之壁櫥一間，經常滿裝，報紙每月剪存一次，剪後者則以廢紙出售，唯一例外為香港自由報，因該報為半週刊，每期只為四開一張，占地不大也，然久之亦漸多，又雜誌則經常訂閱者為今日世界半月刊，體積不少，贈閱者則經濟部之經濟資料月刊，歷經保存，鹽業通訊及彰化銀行資料兩種亦為月刊，只能擇要保存，餘書亦須出售，今日將一至十月份應出售者分別理出，庶略輕壁櫥之負擔也。

交際

　　晚，觀光協會陳貫秘書夫婦在統一飯店請余夫婦吃飯，菜餚甚好，且有歌舞與速寫畫表演，今日其所請者皆美援會即現在經合會之人員，其總幹事雷樹水君亦出而招待。

11 月 21 日　星期六　晴
家事

　　德芳胃疾前已治癒，久未發作，昨日參加宴會後突又不適，因去年曾由本分署醫務室寶華醫師處方配

藥，甚為有效，今日乃往查病歷，取來重配之藥片
Creamalin 二十片，服用後果然又奏效甚速。

交際

　　晚，蔡子韶夫婦在自由之家宴客，余前往參加，德
芳則因病不果，蔡君之子酉方於今日在美國結婚，其女
則在上月亦在美結婚，乃合併酬客，其兩家新親之家長
亦同時參加，但僅蔡君一人致詞。

11月22日　星期日　晴

游覽

　　下午同紹彭到經濟成果展覽會作三度之參觀，計參
觀合作事業館、食品館、味精館、國營事業館、農村實
況館，凡此諸館，皆為第一次與第二次所看過，今日重
點為紹彭解說各館之重要內容，俾知各種生產事業之
梗概，今日因係星期假日，觀眾擁擠，幾乎有不能停留
之勢，參觀畢再遊售品攤位，因有若干物品在市上未知
向何處購買，故亟在場內購買，其一為磨光玻璃之小型
面鏡，在新竹玻璃公司之售品處買到一隻，此為數年前
絕無之國產品，次為西螺大橋產之一種豆豉名為甘福豆
者，其香味幾可與湘南產者相比，因批購半打可以九
折，欲買半打，但無存貨，只好買三盒，並要求其按半
打之半計價，不果，經其贈普通豆豉二小包，又到公賣
局攤位飲生啤酒，此亦為平時較少之供應，最後並囑紹
彭買票看水族館後而歸。

11月23日　星期一　晴
家事

今日為本次公假之最後一天，處理瑣碎家事，如窗紙為貓所破，補其四孔，又因隔壁許君移去，晨間向其表示將所借用余之自來水管原據退還，彼允即囑其受主照樣立據交余收執，又到市上為紹南買鞋，將寄去美國。

集會

下午出席陽明山莊小組會議於貴陽街，組長姬鎮魁報告其所擬之改善現行政制不能完成總體戰體制之部分，並須限制立法院之權力，所研究極為深刻，惜恐非此時此地不能大刀闊斧實施之環境所許也，旋改選召集人，喬修梁兄當選。

娛樂

下午到愛國戲院看電影，The Fall of the Roman Empire（大羅馬帝國），蘇菲亞羅蘭主演，場面極大，而女主角之戲不甚多，最後一場決鬥最為精彩，而戲終時之警句云，自古外患不足亡國，但內政腐敗則難倖存，旨哉言乎！

11月24日　星期二　晴
職務

今日從事於已經做好之查帳報告兩件之校對打字清稿工作，其一為 POL Supplies，上星期三本已看過一次，但因為時匆遽，今日劉允中主任謂宜再行詳細看過，余乃詳加校核，果然仍發現甚多之錯誤，多係因

Martindale 改稿字跡模糊，致為打字小姐所誤解，其二
為 Michigan Team 之查帳報告，該報告打清時適在余之
休假期中，故未校核即行由劉允中主任轉至 Martindale
核閱，今日余就副本校出打錯處數處，並由原稿可採
之 cut-off date 由八月底延長至九月底，文字上更略作
修正云。

11月25日　星期三　晴

職務

　　最近所作之 University of Michigan Contract 查帳報
告經劉允中主任核閱，又轉 Martindale 組長，彼又轉交
McKeel 稽核代核，尚無甚多問題，只對於 Performance
Evaluation 一節認為不滿，蓋此節向有若干作法，其一
為依據接受技術合作之單位的意見寫入，其二為說明
本分署之業務主管組已依據 Manual Order 之規定每
半年作成 U-307 Evaluation Report，只須加註年月日與
其遞送華盛頓總署之文號即可，此次因後者已一年未
作，現在趕辦之中，故採用政治大學所寫之 Evaluation
Report，劉允中主任並加入一項說明，謂 U-307 報告
尚在準備之中，但 McKeel 不以為然，認為須將主管組
未能依據有關 Manual Order 之規定執行一節，明白指
出，余乃於下午將此點補寫，加入原文，此等事乃年富
力強者之所為，余今雖不覺有此必要，然憶及早年從事
稽核工作，固亦時常逞此等才氣也。

11 月 26 日　星期四　晴

閱讀

今日為感恩節，放假一天，在寓讀書自遣，閱上月份 *Reader's Digest*，有 Mr. Shrink and Stretch 一篇，寫美國紡織與造紙工業兩大創造皆由外行人 Sanford Cluett 所完成，紡織方面為不縮水，商標名詞為 Sanforized，造紙方面為伸縮包裝紙，商標名詞為 Clupak，此人現已九十，而仍在探索此等日常最令人困惱之問題，謀求解決之方，可謂利市百倍而造福人群者也。

11 月 27 日　星期五　晴

職務

本月尾工作為查核貸與 Pfizer Taiwan Ltd. 之 Cooley Loan，且有關文卷已於月初看過，但現在已近年底，本分署所應報送之 U-306 表須於年終後即行送出，乃決定改為從事此表之編製，並因第一次從事，先行閱覽 Manual Order 及有關之文件，並統計應納入此表之報告數，緣此表之作用為將查帳報告已經發出而其中所含之 recommendation 未有實施者逐一列舉，並說明所以然之理由，但發出未滿四個月者不在其內，今日初步統計，此項已滿四個月之報告計有本分署十五件，經合會四十二件，其中不乏已經年餘而未能結案者，在過去每半年所作之 U-306 Report 已經一再列入，而半年來進展甚微，欲在措詞方面不落以前窠臼，殊不易易也。

交際

于仲崑兄六十壽，晚在會賓樓與友人八人合請示

祝，計有楊天毅、逢化文、田子敏、蘇文奇、張益瑤、
史耀東、胡月村等。

11月28日　星期六　晴

體質

　　上午，到聯合門診中心看牙，陳立元醫師認為余之
右下後方待補之牙可不必再補，勉強用鋁粉鑲補，仍將
如以前之易於脫落，現在之 cement filling 將不礙飲食，
余謂恐刷牙時不能用力，陳君云可以注意及之云。

師友

　　德芳將於下星期六約王慕堂夫人到日月潭參加旅行
團，晚一同到王寓相約，王太太欲慕堂同往，但彼已去
過數次，且星期六須請假，乃不堅持云。

11月29日　星期日　晴

體質

　　連日鼻疾情況變化甚少，兩鼻俱已無黃分泌物，只
喉內仍於上午咳出黃痰，與一向由鼻排出者相似，每日
仍三次點鼻藥，並每晚服 Stresscap 一粒，近日鼻之嗅
覺又似有減退之趨勢，有類傷風時之鼻腔所感，惟不流
涕耳。

師友

　　上午，到新生南路訪佟志伸兄，因自余患鼻疾後佟
兄數度來看，特來答訪示感。

娛樂

　　上午到空軍新生社看京戲，余小玲彩樓配，行腔甚

佳，似為一新生而有表現者，陳家凱、高蕙蘭九龍山（鎮檀州），二人勢均力敵，演來緊湊精彩，邵佩瑜、徐智芸六月雪，邵唱程腔，昔有韻無嗓，現則氣韻均足，觀眾彩聲雷動，其造就較小大鵬前班之古愛蓮有過無不及也。

11 月 30 日　星期一　晴

職務

RETSER Placement Fund 查帳報告又經第四次修改，今日打清，余仔細核對一過，然後交卷，不知此次是否即為最後，因聞又有若干之點在 Martindale 推敲之中；此一報告之資料以去年底為止，初查為去年五月，今已一年有半矣。

娛樂

晚，同德芳到藝術館看戲，為王慕堂兄所送戲票，國劇欣賞委員會實踐研究社票友演出，李君良關玉山除三害，孫若蘭、楊鳳仙春秋配，沈玉文、裴松林碰碑，王英奇、趙之杰、董翰章文昭關，配搭均極適宜，尤其沈玉文之楊繼業，裴松林之楊七郎，王英奇之伍員，趙之杰之東皋公，功夫均屬不淺，而沈為一女票，唱碰碑始終不懈，不可多得。

12月1日　星期二　陰雨

職務

所作 Michigan University Contract 查帳報告昨日經 McKeel 修改清稿，余閱後送 Martindale，移時彼問余以 Michigan 一顧問 Batson 何時回美，其時余詢 working file 未得，乃以電話詢政大，得復後又查到 working file 知係在報告內所列之顧問來去日期內未列 Batson 之離台日期，此事乃余之一項疏忽，蓋此一查帳報告本截至七月底，其時 Batson 尚未回國，迨將 cut-off date 延至九月底，未料其中有人事異動，今日始知 Batson 乃八月間回國者，乃亟將報告內改註，並向 Martindale 表示遺憾，此等疏忽為余所不常有，蓋亦年事漸增，難免有時顧此失彼，事後為之不怡者久之。

集會

晚，參加經濟座談會，由經濟部商業司長李潮年報告考察美日證券市場概要，對於兩國管理證券之利弊得失，分析甚詳，復由徐澤予報告此間市場之黑暗情形，並有其他出席人補充各公司上市股票收買新聞記者與有關人員抬價漁利等情形，皆為之浩嘆。

12月2日　星期三　細陣雨

職務

繼續蒐集 U-306 報告所用之資料，包括向本分署 Program Office 查閱本組卷內所缺之件，向開發公司查詢有關查帳報告執行情形等，但所收效果甚微，費力費時甚多，而終日不能著一字，本分署最大缺點為文卷無

頭緒，今面臨機關逐部結束，文件或逐漸銷毀，或因人
事變遷而益難查考矣。

12 月 3 日　星期四　陰雨

職務

繼續蒐集 U-306 Report 之有關資料，但因困難重
重，今日只寫成一件，此一件為 University of Michigan
contract 之查帳報告，此一報告乃余自己所作，當前狀
況不待查問而知，然如此等之情況殊不多觀也。

師友

同事亦友人冷景陽兄之夫人趙女士昨日託余介紹
初步會計書籍，以備明年三月彼解職後將另就其他有
關粗淺會計工作之預備，余在市上選到 Freemen 所作
Bookkeeping and Accounting 一書，有中國人所加註解，
且淺顯易解，今日持贈，渠昔曾以生吞活剝方式讀過
Finney 會計學，謂不甚了解，因無基礎之故，現在宜乎
其時急起直追也。

12 月 4 日　星期五　晴

職務

續寫 U-306 Report，今日亦只完成一件，為 DLF 項
下之 Small Industry Loan，此報告亦為余所作，故不待
蒐集資料，亦可完成，但因情形特殊，落筆亦有不易，
蓋此報告在發出前本經 Capital Investment 組之會稿，發
出後本組曾通知其以 Liaison Office 之地位通知各銀行
將應退還之不當放款予以照退，不料該組又橫生意見，

認為不必再行執行，事經余寫一 memorandum 反駁，
並由 Martindale 依此意見另寫一件送會計長 Nemecek，
卷內至此為止，未見 Nemecek 如何行動，故即在 U-306
Report 內寫明經 Capital Division 在再度考慮之中，故
不能立即行動，至於 Capital Division 最近情況，曾以電
話詢經辦人，其人不在，致無由得知，容再詢明補入。

12月5日　星期六　晴

家事

上週德芳約王慕堂夫人於今日同遊日月潭，係參加
新生報所辦之旅行團，昨日接該報通知，因人數不足中
止舉辦，並將退還原付各費，乃於今日到該報將款如數
收回，此事必係因連日氣候稍寒，於是各界人士之遊
興為之大減，況新生報所定費用數比中央日報者高出甚
多，想亦為各方不加照顧之原因也。

娛樂

下午到中山堂看國民大會秘書處所演之電影，片為
國聯公司出品「七仙女」，主演者江青與錢蓉蓉，與邵
氏所出七仙女情節相似，而多七仙女別夫升天一幕，似
較有高潮，至於演技方面則皆為新角，無何特殊之表
現，固二者相同也。

12月6日　星期日　晴

參觀

下午同德芳到婦聯會參觀家事示範展覽，該展覽主
要在表示如何以有限之金錢與房舍而能有安善之家庭經

濟與家庭布置，尤其在布置方面，多採用三用四用之木
器與床第，日間空地甚大，而夜間可以棲息較多之人
口，種種設計，均別開生面也。

家事

　　紹彭之英語課程由余常常考課，今日對其兩種課本
之第五、六、七等課命題測驗，照例共出五十題，共分
五類，每題二分，初作結果，錯十三題，得七十四分，
乃准其參考書內資料加以訂正，始得滿分，可見書並不
難，只緣溫習不足研讀不熟之故。

12 月 7 日　星期一　晴晚雨

閱讀

　　今日起休假一星期，乘暇閱覽書刊，閱及本年十一
月份之 *Reader's Digest*，本期有特載一篇，乃美國前副總統
R. M. Nixon 所作 Cuba, Castro and J. F. Kennedy，全文十餘
頁，寫 1960 年美國大選時甘迺迪與尼氏競選時之古巴
問題，曾因當時尼氏在位關係而不能暢所欲言，以致喪
失選票，以及甘氏當選之得利於古巴問題，其後又因救
援支助古巴人回古半途變卦而為德不卒，聲望大減，但
蘇聯飛彈入古，喚起甘氏警覺，立即果敢示威，於是美
國又大為翻身，迨其智囊團又轉而訴之聯合國，並放棄
偵察蘇聯武器撤退，而又使古巴坐大，其結論認為今日
共產世界矛盾不足減輕美國之威脅，如不能改變當前政
策，美國將後退無路矣，語重心長，文字尤富於說服力
量，一氣讀完，真有迴腸盪氣之慨也。

12月8日　星期二　晴
閱讀

讀 Carlson, Forkner, and Boynton: *Twentieth Century Bookkeeping and Accounting* 上冊，此書為一中學課本，然因時代演進，三十年來之會計名詞與簿記技術有若干演變，故仍於讀時收溫故知新之效，例如以 Income 代 Profit，以 Retained Earnings 代 Surplus，雖為余所已知，而正式書中說明其原委，仍有詳知其經過之必要也，此書共五百頁，除習題等不計外，亦有三至四百頁，於今日一氣呵成之，書中文字解釋詳明，乃一最佳之教科書。

12月9日　星期三　晴
體質

下午，到聯合門診中心由李蒼醫師看鼻喉之疾，彼認為無大問題，仍開 Allercur 與點鼻日製藥，謂不必每日使用云。今日問題仍為喉部之黃分泌液，但醫師不認為問題，亦云怪矣。
師友

下午到交通銀行訪王慕堂兄，面交其夫人之身分證，並告以旅行事暫時作罷，但不久仍將舉行，屆時再約云。
聽講

下午到國泰英語中心聽 Father O'Hara 之專題演講，要點為說明學習英語應由淺入深，不懂之生字可任其過去，久之自然可以先知全句之意思，又須善聽勤

說，不斷練習，久之自能於不知不覺中獲得進步，氏
之英語發音清楚，有時夾雜中文，亦甚明白，而出語
詼諧有趣，尤為其演說之特色，終場議論風生，聽眾
無不嚮往。

12月10日　星期四　雨

閱讀

　　讀 *Bookkeeping and Accounting* 下冊，此冊之內容與上
冊大體相同，其異點在將合夥、公司、工業等會計之特
性與各種帳目之專欄設置加以配合，由淺入深，而會
計之成分大於簿記，故作者雖未明言簿記與會計之區
別，其重點自然顯明也；余讀此書之方式在擇其重點，
於涉獵中不放過其精彩處，故讀後頗有所得，例如所
述美國稅務會計中之 Income Tax、Unemployment Tax
與 FICA Tax 等，皆昔所不知，又如 Discounted Note 不
作負債，只在平衡表下加註，亦為新法，再如所述四
種 Automation 即 punched card、electronic computer、
magnetic ink machine 與 common language machine 亦甚
扼要。

12月11日　星期五　雨

瑣記

　　秋間在華南銀行蘭花展覽會場買水仙根莖一株，現
已初冬，乃開始栽植，三日前先用水泡浸，今日將外面
瓣片切削，洗淨即加石子正式生植，一日之間苗出之芽
即有數處，生機之暢，得未曾有也。與吳崇泉、李洪嶽

二君合買之景美土地，前已聞之二人云地價稅今後將由
現在使用種植之人負擔，但今日原賣主陳忠義又著其女
持稅單來收取稅款，當將此情相告，並函李君查詢，囑
其持往面洽一切。一年餘以來所用煤氣為中本供應，該
公司係與國民大會秘書處訂約，但價格與目前劇烈競爭
下之市價已趨平衡，並無優待可言，今日該公司忽又派
員來補收去年安裝費，謂尚有部分價款未付，其原因為
其去年安裝仍照定價開帳收款，而市價已跌至以下，經
嚴責後予以削減支付，並在其帳單上註明，本已了結，
不知其何以時隔經年，又來呶呶不休，此行生意之不規
矩，真令人啼笑皆非也。

12月12日　星期六　雨
閱讀

　　讀本月份傳記文學月刊，本期有于右任先生逝世紀
念特輯，刊吳相湘、程滄波二人所述之傳略與行狀，均
以于氏之生平簡要寫述而能刻劃此一代偉人之風格者，
至於其他文字則以沈亦雲作莫干山一篇為最精彩，本文
乃沈氏傳記之一章，寫其晚年與黃郛氏在山從事鄉村建
設與韜光養晦之情趣，曲曲道來，極見作者見解之深湛
與筆法之獨到焉。

12月13日　星期日　晴
閱讀

　　開始讀 Frederick C. Mosher 在 *Program Budgeting: Theory and Practice* 一書，今日先讀其序文數篇，並涉獵

內容之大概情形，在書之第四章 Military Performance Budget 內概述所謂 Performance Budget 之含義，不僅由軍方著眼，蓋美國之 Performance Budget 並非由行政機關開始，而係由胡佛總統發動，由軍方先行著手辦理者，故此書不僅為軍事機關之參考用書，在研究績效預算之一般適用時，亦為一不可多得之參考書也。著者之績效預算定義甚佳，其文曰："The central idea of the performance budget is that the budget process be focused upon progress and functions – that is, accomplishments to be achieved, work to be done."

12 月 14 日　星期一　晴晚雨

職務

休假後今日恢復辦公，繼續辦理 U-306 報告之編製事項，但因資料不夠充分，故不能進行甚速，今日只參考本組與 Capital Investment Division 之文卷寫成 DLF Loan No. 55 台灣鋁業公司一件，文字甚多。聞上週本會計處會計長 Nemecek 有不許到圖書館看報之舉，此人察察如明，而大事甚糊塗也。

娛樂

晚，同德芳看電影「劍俠唐璜」（The Adventures of Don Juan），埃洛弗林與維域嘉蘭馥主演，為一名著改編，情節緊張動人，演技亦佳，男主角之英俊與女主角之含蓄，均得未曾有。

12月15日　星期二　陰雨

職務

　　續寫 U-306 Report，今日完成三件，即 Rosary Church 之 480 物資，其中兩項 recommendation 已在 U-306A 報告內完成，另一件則依昨日由主辦教會處託靳綿曾君索來之致本分署函件抄本，謂已經依建議訂立計劃，亦表示已經執行，故此報告可謂已經結束，另一為 NAMRU No.2 即美國海軍醫學研究所，依據該所來信，對報告內三項 recommendation 已有二項完成，此外即為鋁業公司一案，對於昨日所寫內容再加斟酌，計關於提前還款一項前悉只為暫收性質，今日悉已正式收帳，則其第一項 recommendation 已經完成，第二項為請美援會對該公司之美援器材之 US AID emblem 加以詳查，美援會始終未表示有無行動，今日詢該會徐正渭兄，知並未有何行動，故在此 306 report 上即寫明未獲 CUSA 消息，正在催辦云。

12月16日　星期三　雨後晴

職務

　　續寫 U-306 Report，截至今日止已完成七件，在寫其中一件為開發公司之DLF 貸款事，其查帳報告有一建議為 Letter of Commitment 不再展期（原至本年底），但可展 disbursement 之 terminal date 至明年底，閱卷見有一項 L/C 之修正本，謂展限至明年六月底，以為係華盛頓自作主張，迨電話詢該公司，始恍然於此一日期乃 disbursement terminal date，乃謀辦以前遺漏

之手續者，蓋所謂 L/C 之日期乃指該公司提出請發之 request 之日期，該項日期只在文件交換中為之，在滿期後開發公司即不得再 request 華盛頓發 L/C，而在 L/C 內所寫之日期乃規定經辦銀行在此日期不得向 AID 要求 reimburse 其所支付之款，照此解釋，則現在之 L/C terminal date 仍為以前之所指定，亦即今年底之謂，余聞後如茅塞頓開，此固由 L/C 上文字太過簡單，亦余不思之過也；該項 recommendation 本為同事葉君所作，余試以該項 L/C 文字相示，彼亦得與余相同之印象，故該項文字易滋誤會亦有其責任也。

聽講

晚，到美國新聞處聽哈佛教授 Hagler 講 "China's International Marketing on the Move"，簡單扼要，警句有困難即是機會，解決後即上坦途，如認為阻礙則殆矣云。

師友

上午，潘堅兄來訪，謂謀劃已久之請進口公會協助其譯印反共書刊事，已因反對者多而擱淺云。

12月17日　星期四　晴曇

職務

續擬 U-306 Report，此項報告以每一查帳報告為單位，每件一張，計本分署之查帳報告尚有未了案者為十四件，其中四件希望月內結案，故暫時不做，另十件除於昨日作成七件外，尚有三件於今日上午完成。下午開始校閱美援會查帳報告部分，據一同工作之吳君統計，

共有未結案之查帳報告三十三件，日前其所擬之 U-306
報告已送來十件，余今日初步工作為依照上期所報之
U-306 報告內所含各件與今次應含之三十三件相較，如
有此次將不列入者，必為已有結案之 Follow-up Report
作依據，否則即不應作為已經完成，核對結果均係已經
結案者，於是將準備加入本期之各 U-306 報告稿開始
審核，並對照其查帳報告內容，以免有脫節情形，一面
並斟酌文字。

12月18日　星期五　晴

職務

現制美援經費查帳，係由經合會任大部分，本分署
任小部分，故此次十二月底應報之未結案查帳報告半年
報告，即 U-306 Report 者共計四十七件中，該會占三
十三件，而本分署占十四件，此十四件中可能尚有四件
在年底前結案，故只餘十件，余已將此十件撰就，並開
始核閱經合會所送第一批十三件，至晚已經完成，其中
有誤字誤列事項，俱加改正，又此項報告對於在半年內
已經結案者，並不列入，故凡上期列入而本期不列入
者，即為已經結案，為證實不虛，經與平時職司登記之
吳君逐一加以核對，證明該會所為者尚屬正確，只有一
件例外，前次列入而此次未見，經電話詢問該會主管稽
核徐正渭君，謂此案已結，有 Follow-up Audit Report 一
日內可以發出，余囑其務須於十二月底以前發出，俾資
相符云。

12月19日　星期六　晴

家事

月初本約王慕堂夫人游日月潭，又因主辦之新生報以人數不足取消以致未果，現在中央日報與青年服務社合辦之日月潭旅行團今日出發，余於昨日代德芳與王太太以電話約定參加後，即於下午到該社定位，今日下午德芳往約王太太到青年服務社一同出發。

師友

下午馬麗珊女士來訪，託為其友人函主計長張導民謀事，余因交情不夠婉謝。蔡子韶太太來託索新日曆。

體質

鼻藥連日只偶用之，因天寒，反應甚敏，兩孔皆只半通，且時有出涕，不甚黃，惟嗅覺較日前全通時為靈，亦云奇矣。

12月20日　星期日　晴

瑣記

上午應約到新店楊守和代書處，與吳崇泉兄及李洪嶽氏之公子商討景美土地分割事宜，緣十月間曾有一介紹人表示將買此地，但又遲遲不決，後悉係屬空頭，片面代土地開發公司所為，故決定不再等候，同時因明年二月後將增加移轉之土地增值稅負擔，故決定立即先行自行分割，同時解決一端為金君房所占之一小部分，經會商決定各事如下：（1）最近測丈結果，實有土地已不足六百坪，乃因同時買地之劉某曾經變相侵占，糾紛不決，只好放棄，現有面積共三人均分為每人 188.656

坪，其中吳崇泉兄之一端為金君占去者為 10.392 坪，
金君之夫人亦來商討，當按每坪三百元找還吳兄；（2）
委託楊代書繼續辦理過戶，據云此六百坪地由於最新都
市計劃又在南端劃出一部分道路用地，吳兄部分甚微，
李兄部分去其大半，余在中間，只去小半，因各各含有
二種不同地目之土地，故過戶後取來之所有權狀將為每
人兩張，含之地號為 80 號及 80-16 號；（3）最近李君
奔走處理此事，所費車資以及代書費等，均由三人均
攤，請李君開帳，當算還歸墊云。

集會

下午到空軍新生社參加本分署舉行之 Christmas
Party，係以兒童為主，但大人亦歡迎，節目除有各項
報告外，為空軍大鵬劇團演京戲搖錢樹，又有卡通電
影，並有摸彩，但不甚普遍，此為本分署之最後一個聖
誕同樂矣。

師友

曹璞山兄來訪，未遇，未知有何事相談。

體質

鼻腔仍不甚通，且流涕，但味覺尚佳，又因今日涕
出太多，有頭暈感覺，此為鼻疾半年來之第一次。

12 月 21 日　星期一　晴

職務

繼續核閱經合會所送之 draft U-306 Report，今日
共核十四份，發現其中兩份與上期所報 U-306 Report
內容不符，均為已經結案之案件，現在又表示未結，臆

測其內容殆為當時在作 U-306 Report 時係根據來往函件填入，現在則因 Follow-up 之實地觀察所得，情形非是，經詢該會主管徐正渭君，果然不出所料，乃商定由該會重新改作一份述明不結之理由云。

師友

午，朱興良兄來訪，談此來任務為進行一項彰化銀行之新工作，此工作六十歲始退休，現任工作則55歲退休，不日即屆此期，當留午飯，並約馬兆奎、虞克裕二兄參加，並電話約董成器兄不遇而罷。沈子誠君來訪，對兩年前已陷破裂之衍訓與劉皚莉婚事，舊事重提，此事突如其來，謂將函衍訓商量挽回之策，此事究竟係何內容，殊難揣奪。

12 月 22 日　星期二　晴

職務

繼續完成審核經合會送來 U-306 Report，今日共核六件，並將該會補送修改之二件補核，至此已全部完成交卷。余今年尚有公假二十小時，今日上午用四小時，並於明後兩天用完。

集會

上午到中山堂辦理國大代表年會及光復大陸會全體會報到。到國大黨部出席小組會議，談及因一般代表生活清苦，又在請增待遇之中，聞全體黨員大會下午曾因此事有所衝突。晚，革命實踐研究院招待全體結業代表晚餐並晚會。

娛樂

晚在新生社觀劇，徐露、鈕方雨演棋盤山。

12月23日　星期三　晴
集會

上午，光復大陸設計研究委員會全體委員會議開幕，余按時出席，此次之會由副主委薛岳主席，因陳誠主委病假之故，開幕式後由秘書長作工作報告；下午開第一次會，由情報局局長葉翔之報告大陸匪情，實際所報告者為匪區之抗暴與游擊活動情形，對匪之本身反無資料提供也，歷時凡一小時，繼續討論如何反攻等問題，只為繼續交換意見，亦以發抒一部分人之塊磊也。

12月24日　星期四　晴
集會

今日為光復大陸設計研究委員會第十一次全體會議之第二日，除討論事項皆大而無當，只可謂備一格而外，報告內容則均尚可取，計上午為行政院經濟合作發展委員會（CIECD）副主任委員李國鼎報告經濟情況，並印有報告詞專冊，重點在報告農業與工業近年之進展，雖甚扼要，但時間不足，故不免失之瑣碎，且超出時間半小時。下午參謀總帳彭孟緝報告軍事，於軍事整備及敵後工作情形陳述甚詳，且因輔以幻燈片，故不顯枯燥，今日會後即為全體會議之結束。
交際

中午參加山東青島國大代表聚餐，由幹事汪聖農、

楊揚、脫德榮等報告聯誼會工作情形。晚，張由紀兄之子與李琴堂兄之女行婚禮於中山堂，往道賀。

家事

　　上午以電話囑七弟函衍訓對於星期一沈子誠君來談其婚事一節，如何答復，晚七弟來，謂對於劉皚莉方面之真實態度，將先探聽，知曉後對策可以明確云。

12 月 25 日　星期五　晴

集會

　　上午出席國民大會代表年會，開幕式由于斌主席並致詞，預備會通過有關會議進行之事項，並由嚴家淦行政院長報告政情；蔣總統預定在開幕式中致詞，其後改為十時三刻致詞，大意為去年曾在大會報告在今年召集國民大會臨時會議，但今年下半年世界局勢有激烈轉變，尤其大陸共匪原子試爆，證明其必以悉索敝賦之方式，在飢餓人民之號啼中發展武力，而其目標亦將為由中國台灣以至世界，在此情形下，無論其三年後或十年後始能有原子武器，而我之不能不加倍警戒，自為意料中事，在如此情況之中，臨時大會之不能舉行也，實為不得已者，致詞共歷二十分鐘。下午舉行討論提案，大會閉幕。

12 月 26 日　星期六　陰雨

師友

　　孫福海君來訪，謂余與吳崇泉、李洪嶽三人在景美合買之土地如仍願出售，現在有願買用者，出價每坪

一百七、八十元，余告以新近曾開價 350 元，而讓之鄰
戶所占部分已為每坪三百元，故出價太低，不必問吳、
李二人云。

交際

下午到三軍軍官俱樂部參加史耀東兄之公子結婚
禮，並送喜儀 100 元。

體質

鼻腔仍有分泌物，有時不通，點藥即好轉，甚敏感。

12 月 27 日　星期日　雨

慶弔

同鄉石中峰君五十六歲亡故，今日在極樂殯儀館開
弔，屆時經往弔祭，並送賻金六十元。

師友

趙榮瑞君來訪，贈新日曆二種，並談及其公子已於
今年暑假赴美習工程。

瑣記

自耶穌聖誕節前即已收到十餘份賀卡，余因只發賀
年片，只對於海外友人發賀年卡（連聖誕），故遲遲未
復，今日始抽暇開始作復，所印有二種，一為與德芳雙
名，一為一人單名，視對象而異，又有海外友人近日始
來卡片者，時間已晚，只好發航空矣。

12 月 28 日　星期一　晴陣細雨

職務

繼續寫作本年底截止之 U-306 Report，此項報告屬

於本分署部分本應有十四份，前已寫好十份，另四份為期待稽核 McKeel 赴香港複查有具體結果，即可結案，故未寫作，不料 McKeel 回台後，知該四件報告內容並無寸進，只好仍然寫入 U-306 Report，又以寫好之十份內有一份已經結案，予以取消，故淨餘十三份矣。此項報告之經合會部分本有三十三件，其中有二件已寫好又結案，故予以抽出，淨餘三十一件，此為十二月底 U-306 Report 之最後件數，共為四十四件。

瑣記

辦公室向各方索取新日曆或月曆，計靳君向聯華公司索到十份，余向亞洲水泥公司索到十份，均分配於本組各同人，余並以亞洲一份送蔡子韶君。

12 月 29 日　星期二　晴

職務

繼續從事編寫十二月底應用之 U-306 Report，今日工作為將以前寫好，因新資料加入或文字修飾而須加以整理核對者，計共完成十一件，均已打好，另有二件須明日再行整理，計本次本分署本身者共有十三件，另一工作為將六月底之 U-306 Report 與十二月底即將完成之 U-306 Report 兩相比較，作成一表，表示上期共含報告若干件，半年來已清結者若干件，未清結者若干件，其中預定清結而不如所期者若干件，本期終了又加入新報告若干件，均按本分署與經合會雙方經辦者分別統計，作成一表，大體言之，其通病在於預定清結之日期大部不能兌現，而在填註清結日期時，又不能動輒用

Uncertain 或 Unknown 字樣，此亦不可以已也。

12月30日　星期三　晴陣雨

職務

　　將昨日之最後二件 U-306 Report 刪定交卷，至此本半年之 U-306 Report 初步工作已告一段落。

閱讀

　　讀中華文物集成繪畫編，編首所寫國畫派別與人物甚精簡，大體分人物、山水、花鳥、竹石四大類，人物最古，名家多為習知，山水源於唐，王維、李思維分領南北派，南派人物有五代之荊浩、關仝，宋之董源、巨然、李成、范寬、米芾、郭熙，元之趙孟頫、高克恭、黃公望、王蒙、吳鎮（仲圭）、倪瓚、朱德潤、唐隸，明之王紱、沈周、文徵明、董其昌，清之四王、吳惲、石谿、石濤、八大、漸江；北宗則思訓子昭道，宋之王詵、趙宗漢、趙伯駒、劉松年，元之王振鵬，明之仇英，此為縝密一派，又有生疏一派，則有宋之李唐、馬遠、夏珪，元之劉貫道，明之戴進、周臣及唐寅是也。至於花鳥名家，有五代之刁光胤、徐熙、黃筌、滕昌祐，宋之趙昌、崔白、林椿、魯宗貴，元之錢選，明之呂紀、林良、陸治、陳道復，清之惲壽平、王武等，竹石名家有元之李衎、柯九思、顧安、郭畀、吳鎮、倪瓚等。此其所舉，大致皆為大家，至於畫冊內所選作品，則有此若干家以外者。

12 月 31 日　星期四　晴

職務

　　今日工作為 U-306 Report 之另一部分，即經合會經辦查帳報告之所草擬的 U-306 Report，此項報告共卅一件本已由余初核完成，其中自難免若干不妥之處，但除非重大問題，余為存其原真，不加大的變動，今日劉允中主任一面複核一面交打字人員打清，打清後即交余再核，但在其初核時仍有甚多之疑問，一再向余查詢，並表示不滿，其中自難免可以再加改善之處，尤其若干處對於應加省略之冗長的敘述，或已經執行依規定即不必加以指明者，余本未加完全刪節，目的在使其複核時可增進了解，但劉君認為徒亂人意，又劉君核稿向來有一習慣，即不肯接受同樣事實之另一種表現方法，原有文字並無不通，只因不合其本人之行文習慣，遂動輒加以改動，且往往固有文字已能表示其意思，劉君則必須改為重複冗長，其所以如此，乃在揣摩洋人之心理，寧使濫而無缺也，今日處理經合會各件已完成半數。今日為除夕，下午辦公至四時四十分即非正式下班，聞聖誕節前夕曾非正式放假半天。

附錄

收支表

月日	摘要	收入	支出
1/1	上月結存	88,099	
1/1	食品、書刊		50
1/3	合庫稿費	300	
1/3	家用		300
1/5	電料、唱針		25
1/7	名片、食品		40
1/8	家用		7,000
1/8	二週待遇	3,228	
1/8	糖、藥品、食品、同人捐		56
1/10	車票、酒、郵票、理髮券		119
1/16	書刊、食品、洗衣		60
1/17	食品、蛋		105
1/19	觀劇		40
1/22	二週待遇	3,228	
1/22	食品、洗衣		108
1/22	同仁捐、食品		145
1/25	姑母奠儀花圈		470
1/25	食品		30
1/27	食品、藥品		38
1/29	食品、藥丸、午飯		40
1/30	水果、午飯		50
1/31	宴客、食品		668
1/31	布料、理髮券、車票		254
1/31	家用		5,300
	合計	94,855	14,898
	本月結存		79,957

月日	摘要	收入	支出
2/1	上月結存	79,957	
2/1	公保、黨費		47
2/1	本月研究費、公費、通訊費	2,300	
2/1	衣料二期		120
2/1	本月出席費、眷補	300	
2/1	毛線二期、肥皂一期		189
2/1	53 年度加發	2,300	
2/1			40

月日	摘要	收入	支出
2/3	食品、茶葉		61
2/4	水果、洗衣		40
2/5	二週待遇	3,228	
2/5	同仁捐、公份、同人捐、食品		215
2/7	照相、蛋		45
2/9	唱片五張（14）、酒、蜂蜜		115
2/10	一週待遇	1,614	
2/10	家用		6,400
2/12	食品、雞、唱片三張、煙、糖、理髮、畫冊		288
2/15	戲票、郵票、車票		120
2/21	兩週待遇半數	1,600	
2/21	食品、水果、車錢		60
2/22	畫冊、看畫、理髮券		65
2/23	衣料		350
2/23	食品、洗衣		55
2/28	食品、水果、蜂蜜		215
2/29	蛋、食品、茶葉、申請修水表、咖啡		90
2/29	光復會 1-3 月車馬費	600	
2/29	同仁捐		40
	合計	91,899	8,555
	本月結存		83,344

月日	摘要	收入	支出
3/1	上月結存	83,344	
3/1	公保		37
3/1	本月待遇	2,500	
3/1	衣料三期		120
3/1	本月眷貼	100	
3/1	肥皂		70
3/1	毛線三期		140
3/1	同人捐、黨費		40
3/3	英語唱片、車票、書刊		123
3/5	兩週待遇	3,228	
3/5	同仁捐、領帶五套		83
3/5	靳君書款	120	
3/5	家用		4,300
3/6	公請杜君、食品、理髮券		100
3/8	皮鞋、車票、洗衣		350
3/16	旅費節餘	1,900	
3/16	蛋、食品		65
3/18	兩週待遇	3,228	

月日	摘要	收入	支出
3/18	同人捐、洗衣、郵票		28
3/29	家用		5,000
3/30	旅費節餘	1,180	
3/30	同仁捐		80
3/30	衣料、食品		220
3/31	紹寧用、書刊		30
	合計	95,600	10,786
	本月結存		84,814

月日	摘要	收入	支出
4/1	上月結存	84,814	
4/1	字典		100
4/1	兩週待遇	3,228	
4/1	同人捐		10
4/1	四月公費	1,000	
4/1	公保		37
4/1	四月研究費	800	
4/1	衣料四期		120
4/1	四月交通費	500	
4/1	肥皂三期		70
4/1	四月出席費	200	
4/1	黨費、同人捐		40
4/1	四月眷補	100	
4/1	同仁捐		40
4/1	四月子女教育費	1,180	
4/1	屋貸本息 2/10-3/31		750
4/1	食品、車票		55
4/2	酒		56
4/3	旅費節餘	1,700	
4/3	衣料、書刊		435
4/4	游山		75
4/5	食品		10
4/6	青年會費		40
4/7	糖、水果、鹹蛋		30
4/8	食品、蛋、咖啡		85
4/9	食品		35
4/10	藥品、食品、水果		50
4/12	顏料、觀劇、食品、書刊		80
4/15	兩周待遇	3,228	
4/15	公請 Millman		160
4/16	針藥、酒、蛋、茶		230
4/18	觀劇、車錢		68
4/21	唱片六張		100

月日	摘要	收入	支出
4/21	針藥、肉鬆、蚊香、藥皂、食品、車票		160
4/22	茶葉、水果		110
4/23	草紙、果醬、髮蠟、食品		45
4/24	歡送同人、奶粉		185
4/26	郵費、唱片、觀劇、水果		75
4/27	唱針		25
4/29	兩週待遇	3228	
4/29	酒、食品、糖、牙膏、蚊香、同人捐		123
4/30	食品		15
4/30	五月待遇、公費	1000	
4/30	公保		37
4/30	五月研究費	800	
4/30	衣料五期		120
4/30	五月交通費	200	
4/30	還修屋貸款本息四月份		533
4/30	五月出席費	500	
4/30	同人捐		40
4/30	五月眷補	100	
4/30	黨費		10
4/30	家用		15,200
	共計	102,578	19,354
	本月結存		83,224

月日	摘要	收入	支出
5/1	上月結存	83,224	
5/1	食品		10
5/5	理髮		10
5/6	張福濱子喜儀、書刊、郵票、食品		80
5/9	食品、車費		50
5/10	字軸、書刊		100
5/11	食品、香煙		20
5/12	午飯		15
5/13	兩週待遇	3,228	
5/13	藥品、■■、■■		35
5/13	建業中學運動會獎品		180
5/13	家用		1,600
5/16	修鞋、車票、肉鬆、書刊、蛋、縫工、看畫		238
5/16	石鍾琇嫁女喜儀		100
5/17	理髮		10
5/18	洗衣		140

月日	摘要	收入	支出
5/19	汗衫、襪子、宣紙、食品		230
5/21	車費		10
5/22	張浩然喪儀及車費		120
5/23	食品		10
5/24	張敬塘子喜儀		100
5/24	家用		2,100
5/27	兩週待遇	3,288	
5/27	同人捐		10
5/27	食品		13
5/31	奶粉、水果、理髮、食品		95
5/31	六月公費	1,000	
5/31	公保		37
5/31	六月研究費	800	
5/31	衣料六期		120
5/31	六月交通費	500	
5/31	扣修屋貸款		533
5/31	六月出席費	200	
5/31	黨費		10
5/31	六月眷補	100	
5/31	勞軍		33
5/31	光復會 4-6 月車馬費	600	
5/31	同仁捐		20
5/31	家用		1,000
5/31	書刊、食品		22
	合計	92,940	7,051
	本月結存		85,889

月日	摘要	收入	支出
6/1	上月結存	85,889	
6/1	食品、舊衣		25
6/5	食品、修電唱機、草紙		85
6/6	看病、書刊		165
6/8	糖、鹹蛋		30
6/9	看病		45
6/10	家用		1,800
6/10	兩週待遇	3,288	
6/10	同人捐、蚊香、藥品		53
6/12	午飯、食品		20
6/13	藥品、食品、蛋、車票、理髮		300
6/16	藥品、酒精		25
6/17	衣李保險費（153）、鞋油		160
6/19	拖鞋、皂、牙膏		90
6/20	郵票、食品、蚊香、看病		60

月日	摘要	收入	支出
6/21	酒		15
	合計	89,177	2,873
	本月結存		86,304

月日	摘要	收入	支出
7/5	上月結存	86,304	
7/5	書刊、理髮		25
7/8	四週待遇	6,576	
7/8	食品		11
7/8	家用		9,500
7/21	住院火食、賞金、雜用		490
7/28	兩週待遇	3,288	
7/28	車票、皂、奶粉、理髮、食品		155
7/29	李蒼大夫特酬		1,000
7/29	公送梁炳欽份金等、看病		63
7/31	水果、游覽車費、食品		40
	合計	96,168	11,284
	本月結存		84,884

月日	摘要	收入	支出
8/1	上月結存	84,884	
8/1	淡水旅行		70
8/1	上月國大公費	1,000	
8/1	公保兩月		74
8/1	上月研究費	800	
8/1	衣料一期		144
8/1	上月交通費	500	
8/1	衣料二期		80
8/1	上月出席費	200	
8/1	修屋貸款扣還		533
8/1	上月眷貼	100	
8/1	修屋貸款扣還		533
8/1	本月五項待遇	2,600	
8/1	黨費、同人捐、所得稅		100
8/1	家用（含楊天毅母喪奠儀 400）		1,836
8/3	午餐、家用（含送戴醫師禮 460）		1,615
8/4	食品、午飯、唱片、糖果		85
8/5	兩週待遇	3,288	
8/5	同人捐、午餐、衛生紙		48
8/7	午餐、食品、糖		50
8/10	水果、毛筆、書刊、理髮		50
8/11	食品、書刊		85

月日	摘要	收入	支出
8/12	食品、洗衣、糖果、郵簡、書刊		90
8/13	書刊、郵票		25
8/15	電影、水果		40
8/16	看戲、電影、車票		55
8/18	蛋、書刊、萬金油、牙膏		125
8/19	兩週待遇	3,288	
8/19	午飯、食品		23
8/19	家用		4,500
8/20	食品、午餐		25
8/21	食品、水果		35
8/23	食品、水果		35
8/25	車票、蛋、食品		110
8/26	衛生紙、藥品、乳粉		65
8/27	聖教序、食品、午餐		65
8/28	酒、水果、午餐		55
8/30	電影、水果		25
8/31	午飯、蛋、食品		70
8/31	冰箱		13,000
8/31	家用		2,800
8/31	九月份公費	1,000	
8/31	公保		37
8/31	九月研究費	800	
8/31	衣料三期		80
8/31	九月交通費	500	
8/31	肥皂一期		60
8/31	九月出席費	200	
8/31	修屋貸款扣還		533
8/31	九月眷貼	100	
8/31	所得稅、同人捐、黨費		40
8/31	7-9月光復會車馬費	600	
8/31	同人捐		100
8/31	食品、草紙、午飯、糖果、書刊		70
	合計	99,860	27,366
	本月結存		72,494

月日	摘要	收入	支出
9/1	上月結存	72,494	
9/1	藥品、食品		43
9/2	兩週待遇	3,288	
9/2	藥品、煙、午飯、食品		220
9/3	衣料		315
9/7	香皂、食品、理髮		35

月日	摘要	收入	支出
9/8	午餐、水果		25
9/9	糖果、書刊、食品		35
9/11	蛋、食品、午餐、書刊、郵票		125
9/12	會計師公會八月份會費		30
9/13	電影、看戲、墊板		70
9/14	眼鏡		270
9/14	水果、食品		20
9/16	糖果、食品、書刊		70
9/17	二週待遇	3,288	
9/17	唱片、節賞、零用		253
9/18	食品		116
9/21	藥皂、理髮、食品、郵票		30
9/22	糖果、水果		25
9/23	車票、蛋、水果、戶籍謄本		115
9/24	潭垺地價稅（上期連罰金）		65
9/25	電影、午餐、水果		45
9/29	蛋、水果、食品、唱片、午飯、糖果		120
9/30	兩週待遇	3,288	
9/30	請 Nemecek 分金		150
9/30	午飯、唱片		38
	合計	82,358	2,214
	本月結存		80,144

月日	摘要	收入	支出
10/1	上月結存	80,144	
10/1	同仁捐、黨費、所得稅		50
10/1	本月公費、研究費	1,800	
10/1	公保		37
10/1	本月交通費	500	
10/1	衣料四期		80
10/1	本月出席費	200	
10/1	肥皂二期		70
10/1	本月眷補費	100	
10/1	扣還修屋貸款		533
10/2	光復會本月車馬費	200	
10/2	墨水、唱片、書刊、午餐		100
10/2	隋玠夫兄奠儀、鄒湘喬書展花籃、午餐、理髮		175
10/4	車費		45
10/5	蛋、水果、牙膏		80
10/9	午飯兩天		30
10/9	沐松濤父喪奠儀		100

月日	摘要	收入	支出
10/12	蛋、理髮、午飯、食品、茶業、奶粉、糖果、藥品、煙		320
10/14	兩週待遇	3,288	
10/14	孫伯棠奠儀、肥皂、水果		128
10/16	午飯兩天、水果		50
10/20	魚、水仙、午飯二天、糖、糖果、草紙、蛋、雞、水果		225
10/21	書刊、戲票		60
10/22	經濟展覽購物與食品		185
10/28	兩週待遇	3,288	
10/28	理髮、水果、藥、糖果、畫片、蕭新民花籃		135
10/30	食品、兩天中餐、郵票、戲票、書刊		110
10/31	明信片、藥品、家用		8,730
	合計	89,517	11,243
	本月結存		78,274

月日	摘要	收入	支出
11/1	上月結存	78,274	
11/1	蛋、紅豆、午飯、郵費		80
11/1	本月公費、研究費、交通費、出席費	2,500	
11/1	公保		37
11/1	本月眷補	100	
11/1	衣料五期		80
11/1	本學期子女教育費	1,240	
11/1	肥皂三期		70
11/1	光復會十一月車馬費	200	
11/1	黨費、所得稅、同人捐		120
11/1	扣回修屋貸款		533
11/3	食品、中飯、糖果		40
11/5	糖、中飯、花生、水果、郵票、味全		80
11/6	雞、蛋、補郵費、咖啡、食品、午餐		170
11/10	兩週待遇	3,288	
11/10	車票、聚餐、食品、奶粉、書刊、楊寶琳喪儀		255
11/11	Stresscap 100粒、唱片三張、食品、賀年片		385
11/13	奶粉、食品、糖果、午飯、洗衣		183
11/16	雞、食品、洗衣換領		140

月日	摘要	收入	支出
11/18	糖果、唱片、食品、水果、郵簡		65
11/21	蔡漫元喜儀、食品、藥品、唱片		195
11/22	鏡子、食品、糖果、蜜餞、生啤酒		140
11/23	鞋四雙、理髮、電影		160
11/24	食品、午飯、糖果		30
11/25	兩周待遇	3,288	
11/25	家用		4,500
11/25	雞、午飯、食品		88
11/25	賞工役		50
11/25	香皂		15
11/27	公請于仲崑、午飯、水果		140
11/28	空中英語文摘半年		48
11/28	明信片、食品		17
11/29	觀劇		20
11/30	裱工、午餐		230
11/30	家用		2,800
	合計	88,890	10,671
	本月結存		78,219

月日	摘要	收入	支出
12/1	上月結存	78,219	
12/1	食品、書刊、午飯、集會		75
12/1	本月公費等四項	2,500	
12/1	公保		37
12/1	本月眷補	100	
12/1	衣料六期		80
12/1	7-12月份房租津貼	1,200	
12/1	黨費、所得稅、孫伯棠賻等		70
12/1	本月光復會車馬費	200	
12/1	扣修屋貸款		533
12/2	書刊、糖果、食品、補領 club 證、午餐、糖		155
12/3	肉鬆、雞、奶油、葡萄乾、咖啡、洗衣		175
12/4	草紙、食品、午餐		50
12/5	唱片一張、水果		20
12/9	兩週待遇	3,288	
12/9	食品、書刊、糖果、理髮		58
12/9	家用		2,600
12/14	書刊、電影、午餐		50
12/15	午餐、食品		40

月日	摘要	收入	支出
12/16	書刊、糖果、藥品、食品、午餐		105
12/17	午餐、雞、食品、賀年片		240
12/18	旅行票二張		340
12/18	食品		35
12/19	郵票、食品、糖		80
12/20	縫工		500
12/20	車費、洗衣		15
12/21	約友午餐		70
12/22	國大年會費	2,200	
12/22	慰亡故代表家屬		20
12/22	光復會全體會車馬費	240	
12/22	糖果		10
12/22	家用		1,900
12/23	兩週待遇	3,288	
12/23	食品、書刊、理髮		33
12/24	食品、洗衣、修表、聚餐		145
12/24	唱針		20
12/24	李琴堂嫁女喜儀		100
12/25	鞋跟、奶粉、食品		65
12/26	史耀文子喜儀		100
12/27	石中峯賻儀		60
12/28	午飯、郵票、茶葉		55
12/29	書籍、雞、午餐、糖果、洗衣		190
12/30	午飯、藥皂、冰箱燈泡、郵票		40
12/31	下月公費等四項	2,500	
12/31	公保		37
12/31	下月眷貼	100	
12/31	扣修屋貸款		533
12/31	下月房貼	200	
12/31	黨費、所得稅、同仁捐		130
12/31	光復會下月車馬	200	
12/31	衣料一期		16
12/31	食品、糖、午飯、書刊		100
12/31	家用		4,900
	合計	94,235	13,782
	本月結存		80,453

吳墉祥簡要年表

1909 年	出生於山東省棲霞縣吳家村。
1914-1924 年	入私塾、煙台模範高等小學（11 歲別家）、私立先志中學。
1924 年	加入中國國民黨。
1927 年	入南京中央黨務學校。
1929 年	入中央政治學校（國立政治大學前身）財政系。
1933 年	大學畢業，任大學助教講師。
1937 年	任職安徽地方銀行。
1945 年	任山東省銀行總經理。
1947 年	任山東齊魯公司常務董事兼董事會秘書長。 當選第一屆棲霞國民大會代表。
1949 年 7 月	乘飛機赴台，眷屬則乘秋瑾輪抵台。
1949 年 9 月	與友協力營救煙台聯中校長張敏之。
1956 年	任美國援華機構安全分署高級稽核。
1965 年	任台達化學工業公司財務長。
1976 年	退休。
2000 年	逝世於台北。

民國日記 87

吳墉祥在台日記（1964）
The Diaries of Wu Yung-hsiang at Taiwan, 1964

原　　著　吳墉祥
主　　編　馬國安
總 編 輯　陳新林、呂芳上
執行編輯　林弘毅
封面設計　陳新林
排　　版　溫心忻、施宜伶

出　　版　開源書局出版有限公司
　　　　　香港金鐘夏愨道 18 號海富中心
　　　　　1 座 26 樓 06 室
　　　　　TEL：+852-35860995

　　　　　民國歷史文化學社 有限公司
　　　　　10646 台北市大安區羅斯福路三段
　　　　　　　37 號 7 樓之 1
　　　　　TEL：+886-2-2369-6912
　　　　　FAX：+886-2-2369-6990

初版一刷　2021 年 11 月 30 日
定　　價　新台幣 400 元
　　　　　港　幣 105 元
　　　　　美　元 15 元
ISBN　978-626-7036-43-3
印　　刷　長達印刷有限公司
　　　　　台北市西園路二段 50 巷 4 弄 21 號
　　　　　TEL：+886-2-2304-0488

http://www.rchcs.com.tw

國家圖書館出版品預行編目 (CIP) 資料

吳墉祥在台日記 (1964) = The diaries of Wu
 Yung-hsiang at Taiwan. 1964/ 吳墉祥原著；馬
國安主編 . -- 初版 . -- 臺北市：民國歷史文化學社
有限公司 ,2021.11

　面；　公分 . -- (民國日記 ; 87)

ISBN 978-626-7036-43-3（平裝）

1. 吳墉祥　2. 臺灣傳記　3. 臺灣史　4. 史料

783.3886　　　　　　　　110019242